2015年主题出版重点出版物

援疆援藏青春赞歌系列

援疆青春赞歌

共青团中央网络影视中心
中　国　青　年　网　编著

全国百佳图书出版单位
时代出版传媒股份有限公司
黄　山　书　社

图书在版编目(CIP)数据

援疆青春赞歌/共青团中央网络影视中心.中国青年网编著.—合肥：黄山书社, 2015.12
ISBN 978-7-5461-5488-6

Ⅰ.①援… Ⅱ.①共…②中… Ⅲ.①青年先进人物-生平事迹-中国 Ⅳ.①D432.62

中国版本图书馆 CIP 数据核字(2016)第 036821 号

出品人 任耕耘
总策划 任耕耘
策　划 马　磊 高　杨
责任编辑 高　杨 张月阳
封面设计 钱志刚
出版发行 时代出版传媒股份有限公司(http://www.press-mart.com)
黄山书社(http://www.hspress.cn)
地址邮编 安徽省合肥市蜀山区翡翠路 1118 号出版传媒广场 7 层 230071
印　刷 合肥精艺印刷有限公司
版　次 2015 年 12 月第 1 版
印　次 2015 年 12 月第 1 次印刷
开　本 710mm × 1000mm 1/16
字　数 160 千
印　张 11
书　号 ISBN 978-7-5461-5488-6
定　价 28.00 元

服务热线 0551-63533706
销售热线 0551-63533761
官方直营书店(http://hsssbook.taobao.com)

编委会名单

目　录

尼红：南疆铁路上的安全守护神

尼　红

最核心的价值就是责任心。

不到新疆，不知道中国有多大。那种“大”，不仅是意象上的辽阔与苍茫，还是现实生活中穿行于各地市之间，动辄数小时甚至数天的行程。在那片广大的地域里，铁路是交通运输的重要支柱，而安全运行更是每一次行车的重中之重。

尼红的工作就是确保铁路运输的这一“重中之重”的落实。她曾是乌鲁木齐铁路局库尔勒电务段车载设备车间的安全员，她所在工班的职责就是保障南疆铁路吐鲁番至和田间 1929 千米铁路线上 197 台运用机车监控设备安全运转。

在这样一个普通的工作岗位上，尼红坚守平凡，努力付出，用热情与担当确保着一方铁路运行安全，被誉为“铁路安全的守护神”。如今，身为乌鲁木齐铁路局乌鲁木齐电务段库尔勒车载设备车间库尔勒出入库检测工区的

第十六届“中国青年五四奖章”获得者尼红

班长，尼红正在自己的岗位上继续着“守护神”的生活。

在 2012 年五四青年节前，她获得了第十六届“中国青年五四奖章”，成为新一代青年楷模。

工作紧张不输“救火”

尼红的工作乍看上去很平凡，但实际上可谓排除火车头故障的“救火队员”。

从 23 年前参加工作之时起，尼红主要负责的便是机车信号设备的检测与检修。机车中的信号设备可以通过接收地面信号，向火车司机报告线路和道岔情况，帮助司机实现火车的安全正点运行。而火车运行能否实现“安全、正点”，恰恰是衡量铁路运输的关键指标，对于尼红这样的安全员来说，工作中最为急迫的事情几乎都与此直接相关。

平日里，火车头一进入库内，尼红他们就要立刻上车进行检测，这时必须手脚麻利。如果到该出库的时候还没有排除设备故障，那将使车站里上上下下的各个环节都要调整——火车头能否准时出入库直接决定了火车能否实现“安全、正点”运行。

日常工作已是如此紧凑，可除了这些还有更紧张的。安全员不同于普通职工，他们所面对的往往都是应急故障，甚至还要外出赶到其他站点去处理紧急情况，关键时刻他们必须顶上，而顶上的前提就是业务技能好、操作能力高、责任心极强而且还要心理素质过硬。

身为安全员的尼红，每天在库内检测的设备少说也有三四十台，还要经常面对一些突发情况，精神常年处于高度的紧张之中。

如今，尼红累计检测单项机车信号设备达到上万台，出入库机车信号设备检修更是有上百万台次，所有经她手检测、检修的设备，运用优良率达到了 100%。而经过 23 年的摸索与积累，尼红常说：“最核心的价值就是责任心，真的是责任心！技术业务素质倒在其次，只要责任心尽到了，好多故障都是可以避免的。”

让学习的火苗持续燃烧

如此一份夹杂了太多辛劳与压力的工作，尼红却做得风生水起，她从哪里得来的动力？这要从她的中学时代说起。

那时，尼红的家住在库尔勒的铁道边。晚上放学回家，她常和伙伴们跑到铁道附近玩耍，看着红红绿绿的信号灯日夜闪烁，尼红觉得它们特别好看。后来，当她考中专面临选专业时，最先想到的就是“铁道信号专业也许很有趣”。也正是因此，尼红与铁路结下了不解之缘。

1993 年，19 岁的尼红顺利毕业，被分配到乌鲁木齐铁路局库尔勒电务段和静信号工区见习。读了喜欢的专业，又分配到对口的工作，这在今天看来也可以算作一种幸运，可真正投入了工作，尼红却高兴不起来了。

工作里的大量内容与尼红的想象完全不同。当时，学校里教的大多是理论和原理，可真正见到设备，尼红连基本的操作都不会，她只有跟着师傅不断学习。刚刚走出校门，尼红就感觉自己又进入了一个新的课堂，一切都要从头学起。

刚开始工作的那几年，尼红总是拿着笔和本，跟在师傅后面随时记东西，她把师傅讲的好方法、好经验一一记下，一有空就拿出来琢磨、温习。尼红一直保持着随手记录这个习惯，至今，她已经写完了满满的十几个大本子。这些本子见证了她 20 多年来的工作轨迹，也让她从中不断归纳总结，整理出了一套“尼红机车设备检测法”。现在，这套方法已经成为了段里青年职工上岗前的必修课。

尼红说，刚工作的那些年，她和所有年轻人一样，一心想着学技术，长本领，满怀热情地投入工作，期待着尽快证明自己的价值。其中必然有成功也有失败，但凭着那股渴望优秀的心气，她总会让自己不停地学习。可若要说她为什么能做到脱颖而出，尼红觉得也许是那种对优秀的渴望在她身上延续得比别人长久。今天的尼红仍然喜欢随手做记录，喜欢以最快的速度学会新技术，也在继续学习更高学历的课程，还喜欢参加技术比赛，时刻督促自己不能掉队。而这份坚持，对任何一个已经工作了 20 来年的人来说，难能可贵。

让热情与智慧融入每一个细节

1996 年，刚刚 22 岁的尼红就开始负责技术课题攻关，由此获得的多个 QC 成果奖也可谓她的一个传奇。QC（Quality Control）即质量管控，在尼红的不断努力下，她曾经连续 14 次获得乌鲁木齐局 QC 成果发表一等奖，4 次获得新疆维吾尔自治区优秀 QC 成果奖，并且其中的多项技术已在全局推广使用。而说起所有 QC 成果奖里最令她自豪的一个，是 2006 年的那个项目。

当时，尼红发现机车信号主机里一个设备的电源开关故障特别频繁。由于机车运行时难免强烈颠簸，每一趟车回来几乎都会有电源开关松动的故障，这给检测人员造成了很大压力，大家常常要使劲拧紧电源开关的螺丝，可有的人手劲不合适，反而会使螺丝更加松动，机车一颠簸，就可能造成电源开关虚电，使整个设备失去电源。

尼红和这个问题较上了劲，想找到解决的办法。一次，她无意中看到了另外一个设备对螺丝做的加固处理的方法——为开关螺丝加上了防滑垫、防滑器，受到了启发，她还想出了不让螺丝吃劲过度的办法，试过以后效果非常好，机车跑出去两三趟，回来都不见螺丝松动。这样一个实际操作中的小革新后来被评奖专家评价为：把质量攻关所倡导的小、实、新的特点全部显现出来了，很小的一个关键性措施，解决了一个长期的惯性问题，所以获奖是当之无愧的。

这项成果后来被推广到整个新疆维吾尔自治区，这是尼红带领的团队所获 QC 成果奖第一次推广到整个自治区。大家受到非常大的鼓舞，团队再接再厉，在后来的 2007 年、2008 年和 2010 年，又有三次将 QC 成果奖推广到全自治区。

除了注重总结工作中的经验，尼红还坚持着很多好习惯。每当有施工任务，她总会比别人早到，事先准备好所需工具，确保准时开工，按时完工，而她的好习惯也在通过言传身教传递给新的铁路人。

有一次，尼红带领一个刚入职的大学生进行检修，她事先提醒大学生在上车前把工具包里的东西备齐。大学生自信满满地说："行，我带得全着呢。"可尼红不放心，也带上了自己的工具包。两人一起上车后，发现出故障的设备需要拆卸后入所检修，尼红对他说：“正好有个机会给你来锻炼锻炼，你来拆这个设备吧。”大学生口中答应着，可翻开工具包才发现，很多必需的工具他却没带。尼红帮大学生拆下了设备，身后的大男孩满脸通红。尼红没有责备他，因为她认为，在工作中年轻人要具备了解自己状态的能力，这种能力应该自己领悟。

熟练不是一日之功　重中之重还是责任

2008年，全国铁道行业技能竞赛隆重举行。比赛汇集了行内的各路精英，尼红代表乌鲁木齐铁路局上阵了。

实操阶段，比赛项目为15分钟处理完故障并彻底进行实验。轮到尼红出场，她定了定神，旋即开始操作，一口气做完，计时显示只花了6分多钟。她身后跟了6个裁判，赞不绝口地说道：“这个功夫可不是一朝一夕练成的。”

最终，尼红以实作满分的优势摘得了该项赛事的铜牌，这也是乌鲁木齐铁路局选手参加全国各种业务竞赛取得的最好成绩。自此，尼红的名字在乌鲁木齐铁路局系统一下子传开了。但尼红心里想的是十几年的功夫没有白费，而且越来越深刻地领悟到责任的重要。

自工作以来，她学习过太多的案例，也处理过无数的故障，所有这些都让她更加清醒地意识到：“铁道行业不比其他行业，一旦出现事故很可能就是血淋淋的，一定要时时刻刻牢记自己的职责，因为一旦发生问题，我甚至也会搭上自己的性命。”从刚刚入行开始，尼红就坚定了一个信念：“一点都不能马虎。”所以跟着师傅学习时，她非常谨慎，在后来的工作中，她更是半点儿不敢松懈，“哪怕花费多一点时间去重复，把所有干过的活儿再多看一遍，多检查一点儿，我都愿意，我的目的就是一个，不要出事”。

回首来路，尼红说，没有对自己的严格要求，人就很难有动力。尽管平静地生活也是一种选择，但她更愿意选择另外一条拼搏的道路，这条道路让她可以证明自己的价值，成为一个优秀的人。

庄仕华：白衣一袭贯天山南北 丹心一片映大漠边疆

庄仕华

医生要把病人的痛苦当作自己的痛苦，把别人的生命当作自己的生命。

在刚刚结束的纪念毛泽东等老一辈革命家为雷锋同志题词五十周年座谈会上，武警新疆总队医院院长庄仕华被中央文明委授予“当代雷锋”荣誉称号。扎根边疆倾情奉献40载，120640例手术无一失误，常年为各族群众送医送药行程40多万千米，多年来巡诊近百万人次……这位新时代的“雷锋”究竟有着怎样的故事，让边疆47个民族的人民群众提起来赞不绝口、感激涕零？

“庄一刀”：医术精湛美名扬

“医生要把病人的痛苦当作自己的痛苦，把别人的生命当作自己的生命，这样才能认真学技术，认真做手术，认真对待每一位病人。”这是庄仕华总爱说的一句话。也正是基于这样的从医信念，他才缔造了120640例手术零失误的神话。在他治愈的病人中，年龄最大的102岁，最小的1岁9个月，既有患艾滋病的，也有对抗生素严重过敏的，还有2100多名患有高血压、心脏病、肺气肿等并发症的高危患者。但他都用精湛的医术拯救了他们，保全了万千家庭的幸福。提起这些成绩，庄仕华连忙摆手：“荣誉要归功于大家，手术能成功，更主要的是靠团队精神。”

生于四川简阳的庄仕华，18岁入伍到了新疆，“当时条件虽然艰苦，但是要离开时还是不舍，部队首长和战友们都特别关心我，当地农牧民也都非常纯朴，自己缺衣少用，却创造一切条件保障我们的吃穿用度”。庄仕华离开新疆时流下热泪，“人要懂得感恩”这句话他重复了好几次。因此，大学毕业后，面对内地就业和留校的大好机会，他还是选择了回到边疆，“说实话，当时也做过斗争，也动摇过”，庄仕华坦言自己当时犹豫过，但短暂的斗争后，他还是踏上了边疆的热土。“新疆是我的第二故乡，就是我的家，自入伍以来，除上大学外，我都待在新疆”。庄仕华在外都自称“新疆人”，尽管每次别人都说他“口音不像新疆人”。

口音难改，真心未变，正因为胸怀一腔回报新疆父老的热情，才有了他上下求索的坚持。曾有人称其为“庄一刀”，却不曾知道，美誉的背后，隐藏了庄仕华多少艰苦的探索和辛勤的汗水。

俗话说：“肝胆相照。”肝和胆是连在一起的，胆囊壁比纸还薄，手术时稍有偏差，就会伤及肝脏，引发大出血，危及病人生命，这对医生的注意力、手术的精细度都提出了极高的要求。为了减少患者的痛苦，降低手术的风险，庄仕华计划引进腹腔镜这一设备，但腹腔镜下切除胆结石这项技术对医生的医术提出了更高的要求，许多医院都非常谨慎，不敢将之用于临床。为了熟练掌握这个本领，庄仕华可谓绞尽了脑汁。

最终，他找来了葡萄，打算先拿葡萄“开刀”。新疆的葡萄，肉嫩皮薄水分又大，剥葡萄的手法接近于肝胆手术。他找来空药箱，把一侧箱壁剪掉，在箱子上方打四个孔，放在穿衣镜前面，然后把葡萄一颗颗放在箱子里，右手拿分离钳，左手拿胆囊牵拉钳，从孔中插入纸箱，眼睛盯着面前的镜子，开始了剥皮练习。

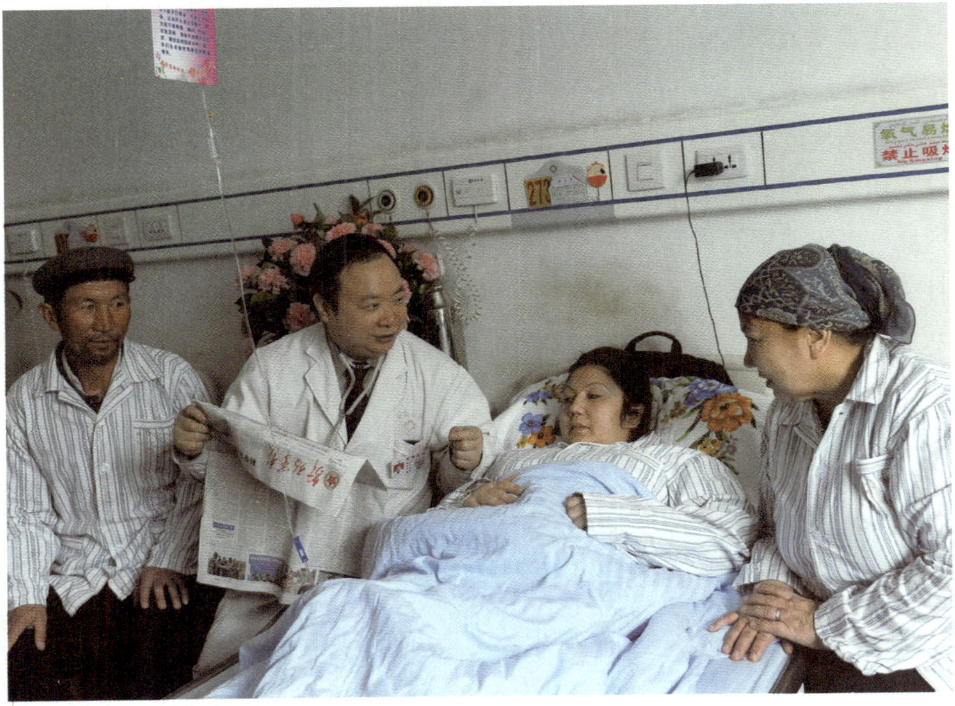

庄仕华到病房给各族患者讲解党的政策

庄仕华在镜子前一站就是四个小时，直到汗流浃背，手臂酸麻。用长长的钳子剥葡萄皮，还要盯着镜子里的成像练习，难度可想而知。四个小时过去了，他一颗都没剥好。打那以后，他每天下班都拎着一串葡萄回来。一天，两天，一个月，两个月……功夫不负有心人，庄仕华终于完整无损地剥离了第一片葡萄皮！可他并不满足于剥葡萄皮，又开始在动物肝脏中练习胆囊剥离术。那段日子，他们家天天吃的都是动物肝脏，“到现在一提起动物肝脏，全家人都倒胃口。”庄仕华的妻子如是说。就这样反复练习，庄仕华终于在腹腔镜下成功进行了第一例胆结石手术。

庄仕华常说：“熟能生巧。”只要有空闲，他就会拿起缝合线、止血钳等工具，见缝插针地练习结扎、止血等技术动作。有人对此十分不解：“你都功成名就了，何苦把自己搞得这么累！”庄仕华却说：“医术无止境。对自己严格要求，对技术精益求精，才是对患者负责。”庄仕华一直把雷锋当作自己的学习榜样，“要像雷锋一样‘干一行爱一行’”，也正是因为有雷锋这样的精神激励，他的坚定从未改变。

庄仕华说，不管自己的身份如何变化，他始终认为自己的第一身份是医生。在他心中，病人永远是第一位的。他把每一个病人都当成亲人来关爱，“让我们学会换位思考，凡事都站在病人的角度想一想，假如病人是我们的父母、兄弟姐妹，我们该怎么做？”一位医生至今仍记得庄院长对他说的这些话。因此，零失误率的背后，除了日复一日的勤奋探索，他对病人无微不至的关怀与照料也促成了手术的成功。在治疗一个患有严重风湿性心脏病并伴有近八年的胆结石病的病人时，每次查房，庄仕华都要用听诊器听听她的心率，向医护人员了解情况，还专门准备了一个本子，记录病人病情的各种数据，细化到每天吃多少、尿多少、血压多少、下床走了几步路……

意无价：胸怀大爱暖人心

一位哲人曾说过，真正的医生，负有两种责任：一是治病救人，还病人以健康的身体；二是用不含杂质的爱，还病人健康的心。庄仕华就是这样一位“医者”。

庄仕华对前来治疗的每一位病人，都不仅仅停留在去除病患上，而是想尽一切办法让病人从心底轻松愉悦，不为疾病困扰身心。女儿庄岩回忆说：“从我记事起，爸爸就对病人非常好，病人有什么要求他都有求必应。病人刚刚做完手术，他就给病人熬粥，有时他和妈妈忙不过来，爸爸就干脆把家里的钥匙交给病人的家属，让他们自己来熬。”庄仕华对女儿的照顾尚不及对待病人，甚至在送女儿上大学时，一接到病人病危的消息，丢下等火车的女儿，拔腿就往医院跑。

说到庄仕华为病人所做的一切，妻子赛福琴至今还为当年的一件事深感遗憾：“为了病人康复，老庄不仅自己整天忙碌，还发动我和女儿为患者煮粥送饭。那年冬天，老庄有个急诊早早就上班去了，嘱咐我给一个家在南疆农村的重病人送饭。我把粥熬好后要上班了，只得让 8 岁的女儿庄岩送去。没想到女儿滑倒后把腿给烫伤了，到现在她都不喜欢穿裙子。”

庄仕华想病人之所想，真的到了不能再细致的程度。有一次，外地的患者前来看病，由于进入旅游旺季，火车票紧张，飞机票又贵，庄仕华就托人为他们事先买好了返程的车票。“帮助患者解除后顾之忧，更利于他们术后康复。”他这样说道。这些小事听来似乎有些琐碎，但对于病人来说，却是莫大的安慰，医者父母心，不仅解除了他们身体的病痛，更让他们感受到关爱，对生活充满信心。

在乌鲁木齐市板房沟乡板房沟村，有个年过五旬的维吾尔族汉子阿合买提·司马义，患小儿麻痹导致下肢残疾，只能靠双手在地上爬行。就在他对生活几乎失去信心的时候，巡诊途经这里的庄仕华，像照料亲弟弟一样对阿合买提精心呵护。得知他 20 亩土豆丰收却卖不出去，庄仕华当即联系菜市场，让经销商把车开到村里。阿合买提连续三天发高烧，庄仕华听说后立即把他接到总队医院治疗。庄仕华还与妻子做起红娘，给他介绍对象，让他享受到家庭的温暖和幸福。像这样被庄仕华惦记在心的“穷亲戚”在天山南北就有 580 多户，病人没钱看病，他就拿自己的钱先垫上；为了给病人增加营养，专门买奶牛帮助他们身体康复；甚至连病人家里的房子，他也出钱帮忙盖了起来……

与庄仕华共事几十年的医生冯晓芸说，1984 年庄仕华刚当外科医生时，工资才 40 多元，但他不时为贫困患者垫付挂号费、住院费。“换作是我，一次两次可以，长期坚持可能做不到，但庄院长一做就是几十年”。

“每次帮助他们，病人会觉得是党和国家在关心和照顾他们，也就促进了民族的团结与和谐”。新疆地区分布着 47 个民族，庄仕华一直视各民族群众为自己的兄弟姐妹。在老人眼里，他是个孝顺的好巴郎（儿子）；在贫困失学儿童眼中，他是个慈爱的阿达（爸爸）；在青年人看来，他是值得信赖的阿嘎（哥哥）。

走进新疆总队医院住院大楼，每个人都会被一堵堵扑面而来的“红墙”震撼到，这是各民族群众自发赠送给庄仕华的锦旗，层层叠叠，有一万多面。这些绣满汉、维、蒙、藏等各种文字的大小锦旗，细述着人民好军医庄仕华的大德大爱，彰显了各民族一家亲的浓浓情意。

真忘我：一心为民风清正

农历大年初三，庄仕华作为英模代表到北京参加央视春晚刚回来，就出现在了手术台上，让患者非常意外。初四，他忙完手术后就直奔乌鲁木齐市 SOS 儿童村，看望资助的孩子们。不管是节假日，还是平时，他把自己所有的时间都献给了病人，却从未考虑过自己。

一次，庄仕华带领医疗队到喀什支队塔什库尔干县中队巡诊。县中队地处帕米尔高原，海拔 3700 米。由于一路颠簸，严重缺氧，他与同去的两名医生出现了强烈的高原反应，个个脸色铁青，头冒虚汗。大家都劝他先躺下休息一会儿，再给战士们体检。

“我们来高原是给战士看病的，工作还没展开，自己就先倒下了，这样能行吗？”庄仕华说完就抱着氧气枕扎进班里，一边吸氧，一边给战士们体检。在为 70 多名官兵体检完后，正要躺下休息时，司务长告诉他还有一名士官没有参加体检，他一下又来了精神，背起药箱就准备出发。中队长见状，忙上前劝说，表示到时会专程送他到县医院体检。庄仕华却说：“漏掉一个战士，我们就不能算完成任务。”庄仕华随即带领巡诊人员，沿着小道朝牧点走去。那名士官在距中队 10 多千米的放牧点放牧，牧点海拔更高，路又难走，庄仕

庄仕华到基层中队为官兵诊治疾病

华的高原反应更加剧烈了，好几次都差点滚落山下。短短 10 千米路，他们走了 4 个多小时才赶到放牧点，为战士完成了体检。

西北边陲经常遭遇风沙或暴雪天气，但庄仕华坚持每年派出医疗小分队，穿大漠戈壁、跨雪域高原，累计行程 40 万余千米，相当于绕地球走了十圈。2010 年新疆北部遭受特大雪灾，庄仕华就带领医务人员，顶着暴雪，深入牧区送医送药。

从普通医生到医院院长，庄仕华坚持每天做二三十台手术，一站就是一天，再加上每天还要查房三次，他的脚经常肿得连鞋子都穿不上，总是踩着鞋跟走路，可他从来都不放在心上，心里想的念的全是病人。肝胆手术需要医生全神贯注，对脑力和体力要求极高，年近六十的庄仕华一直在透支自己的健康，经常只能在手术前的两三分钟小憩一下。有一次在连续做了 28 例手术后，他突感身体不适。医护人员劝他休息，其余手术改天再做。庄仕华却说：“手术都是安排好的，我们不能往后推。”说罢只靠着椅子休息了一会儿，又继续手术。3 个多小时后，当最后一位病人被推出手术室时，庄仕华却因体力不

庄仕华到边疆农牧区巡诊，受到群众的欢迎

支晕倒在了手术室。这一天，他总共完成了 49 台手术。

在他眼中，看到的都是需要解除痛苦的病患；在他心里，想的全是如何帮助发展民族地区的医疗卫生事业。其无私关爱，其宽广胸怀，其为民族和谐付出的心血与汗水，早已融化成涓涓细流，柔软了每一个边疆儿女的心！

庄仕华不是不累，而是对工作太热爱，太投入。他只要进入工作状态，精力就高度集中，就忘记了疲惫，忘记了休息，更没有了自我。他对自己的定位是“当一辈子医生”，这个从踏入军营就有的梦想，至今未曾改变，“不管工作条件、环境、技术条件怎么变，梦想都不会变”。而他也和广大青年人分享了自己一路走来的心得：“坚持、勤奋，就能成功！”

牙生·吐尔逊：“新疆好巴郎”的致富梦

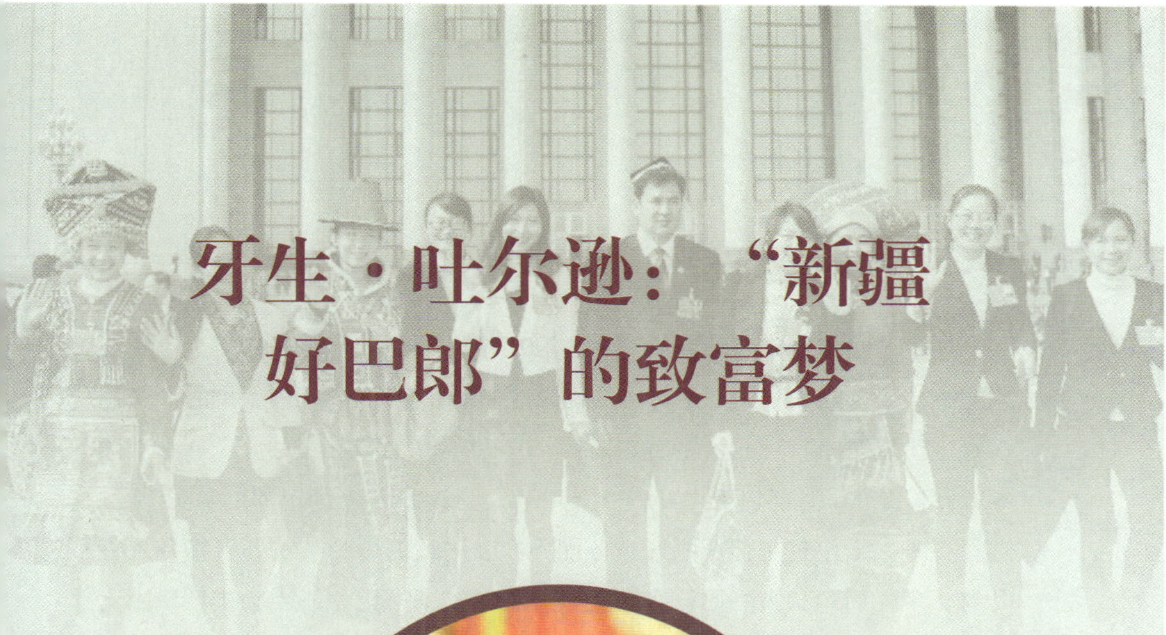

牙生·吐尔逊

在大与小面前，群众的事最大；在急与缓面前，群众的事最急。

牙生·吐尔逊来自新疆尉犁县古勒巴格乡阿克其开村，作为十二届全国人大一次会议的8个大学生村主任代表之一，在2013年的两会期间，受到众多媒体热烈追捧。5月，他又被共青团中央、全国青联授予第十七届“中国青年五四奖章”。1985年出生的牙生·吐尔逊，2009年从和田师范学院毕业后，选择报考大学生村主任，刚好被分配到家乡附近的尉犁县古勒巴格乡阿克其开村，现任尉犁县古勒巴格乡阿克其开村党支部书记、村委会主任、团支部书记。

农村工作的“门外汉”

阿克其开村是古勒巴格乡的一个大村，地处塔克拉玛干沙漠腹地，地域面积780平方千米。全村总人口1235人，由维吾尔族、汉族两个民族组成，其中维吾尔族占80%，汉族占20%，当时人均收入仅有7600元，是全县有名的“贫困村”“后进村”。

从小出生在农民家庭的牙生·吐尔逊，对农村、农民有着浓厚的感情。

第十二届全国人民代表大会第一次会议开幕前牙生·吐尔逊正在拍照留念

牙生·吐尔逊（右五）与全国人大代表中的一批大学生村主任相聚在初春的北京人民大会堂前

牙生·吐尔逊自认为会在这片天地里“如鱼得水”，但是来到村里后，牙生·吐尔逊才发现他是一个“门外汉”，农村工作有其复杂性、矛盾性，并非自己想象得那样简单，村“两委”、村民和村委会、村民和村民之间关系盘根错节。

当村干部要做到“在大与小面前，群众的事最大；在急与缓面前，群众的事最急”，首先要解决一个态度问题就是“民生是大计，百姓无小事”。牙生·吐尔逊告诉自己，既然选择了这条路，就一定要走好、坚持下去。他决定从村里的每件小事做起，到村里任职的第一天，就把走访调查作为熟悉农村工作、融入农民的第一步。

在三年多的时间里，牙生·吐尔逊骑着一辆家里的摩托车，行程62500千米，走遍村里的田间地头、乡间小道，走遍每一户人家和牧业点，与村民零距离接触，熟悉村情，了解民意，理清思路。

做好每件平凡小事

“遇到困难的时候，首先想到的就是找村支部。”村里 70 多岁的党员艾海提·木沙老人激动地说，“越来越多的村民主动参与村里的各项活动，思想观念转变了，对党组织也更加信任了。”

2011 年是尉犁县“安居富民建设年”，阿克其开村承担着 115 套安居富民房的建设，占了全乡任务的三分之一。为顺利推进工程建设，牙生·吐尔逊积极与县城建局等部门沟通协调，配合做好房屋、道路规划等项目。但在实施过程中，有一些群众不愿意拆掉老房子，不愿让出宅基地修路，牙生·吐尔逊就带领着“村两委”班子成员，一门一户地做思想工作。

村里贫困户艾尼·阿不来提旧房拆迁时，牙生·吐尔逊连续做了几天思想工作都没用，最后得知是经济上的原因时，就及时协调，帮助艾尼·阿不来提解决了建房款，并把盖房用的砖运到他家门口。艾尼深受感动，不仅自觉拆除了旧房，让出了宅基地，还说服其他村民拆旧房、建新房。在竣工典礼那天，看到一排排崭新的安居富民房，一条条宽阔的柏油路，村民们不约而同地换上了节日的盛装，跳起了欢快的麦西来甫。从那天起，牙生·吐尔逊心里的成就感支撑着他一路前行。

“耐心细致地做好村里的日常工作是对村主任的最基本要求。”牙生·吐尔逊一直都是这样做的。他为了真正了解并掌握群众在生产生活中的困难，在种植棉花、间苗定株、病虫害防治等农忙的时候，经常往地里跑。出现问题，及时联络农业部门、种子公司的专家们，解除村民的疑虑。安居富民房施工前后，牙生·吐尔逊通过走访，发现问题及时解决，解决不了的马上向乡党委、政府反映，使群众的合理诉求得到及时解决。2013 年 6 月下暴雨，村里的房子漏水，牙生·吐尔逊连夜走访了几十家，安抚他们，察看漏水情况，及时向乡政府反映情况，争取到专项资金修补房屋，让村民住得更踏实。

致富新路子——掌握农业科技

“经济上的落后不可怕，不肯接受科学发展的这种观念上的落后才可怕。”

牙生·吐尔逊说。阿克其开村是一个传统的半农半牧村，棉花、香梨、畜牧业是村民的主要收入来源。为转变农牧民的传统思维模式，发展科技农业，牙生·吐尔逊主动承担了远程教育操作员的工作，依托远程教育设备、村务公开栏、广播等资源，组织党员、群众学习党的政策和致富技术。

牙生·吐尔逊回忆说，刚开始推广农业技术时，许多村民并不信任他，认为一个学体育的毛头小伙靠不住。当时，父亲力排众议，拿出自家的70亩地支持他搞节水滴灌，但是又担心多年没种地的儿子把地种坏了，于是早出晚归到地里查看苗情，直到棉花顺利出苗，父亲才放下心来。当年，他家的70亩棉田单产增加50公斤。第二年，节水滴灌技术在村里的3000亩土地上得到推广，村民掀起了学科技、用科技的热潮。2012年，全村已推广高密度栽培、膜下滴灌棉花技术6000余亩，仅种植棉花一项就使农牧民人均纯收入较2009年增加了3600余元。

同时，村里的西瓜、甜瓜也在牙生·吐尔逊的努力下，开始尝试拱棚种植，并申请了注册商标，早熟瓜售价比普通西瓜、甜瓜高出一倍都不止。种植户杨定爱高兴地说：“以前我们种西瓜根本不懂什么品牌意识，所以一直没有发展起来，原来才种几亩，现在已经达到30多亩了，经济效益十分显著。”通过两年的努力，村里农牧民人均纯收入由2009年的7600元增加到2012年的13196元，增加了5596元，昔日贫困村的面貌得到根本改观。

棉花的增收、西瓜甜瓜规模化经营，让农牧民钱袋子鼓了起来，牙生·吐尔逊带领群众致富的信心更足了。与此同时，村委会又先后争取了铁畜制养殖、温室大棚等项目，探索试种红枣，壮大村

2012年冬天，牙生·吐尔逊（一排左二）在村里了解棉花秸秆回收情况

集体经济，拓宽农牧民致富渠道，使贫困村生产模式得到根本性转变，走向了良性发展轨道。

在新疆尉犁县古勒巴格乡阿克其开村村民的眼里，牙生·吐尔逊是个“好巴郎”。“当村主任就是要扑下身子为村民服务。”牙生·吐尔逊这样说，也是在这样做的。六年多农村生活的摸爬滚打，更加坚定了牙生·吐尔逊当初无悔的选择。

亚力坤·奥斯曼：“最美新疆人”的七年公益路

亚力坤·奥斯曼

志愿服务是我喜欢的事，这就是我能坚持的原因。

有些人说，志愿服务是疯子才能坚持下去的事。从对志愿工作的不了解，到误打误撞投身其中，他从事乡村校园公益志愿服务已 8 年有余，他就是今天故事的主人公——亚力坤 · 奥斯曼。

1981 年，亚力坤 · 奥斯曼高考考入上海海关专科学校，学习海关管理专业。1984 年大专毕业后，他回到乌鲁木齐海关工作，一干就是 30 年。

毕业以后的很长时间里，亚力坤 · 奥斯曼对公益关注得并不多，也不知道志愿服务是什么。

“对于参与公益活动，大多数的情况是‘被动式’地参与别人组织的捐钱等活动。”亚力坤 · 奥斯曼回忆道，“过去在电视上看到过公益人物，当时觉得挺感动的，但是记不住，过两天就忘光了。”

直到 2007 年，一次替朋友去新疆巴州和静县和静镇援建乡村小学的经历，让亚力坤 · 奥斯曼开始关注公益，关注志愿服务，开启了一条属于自己和团队的乡村校园志愿服务的道路。

误打误撞走上公益路

最初是在 2005 年，亚力坤 · 奥斯曼一个认识多年的北京朋友周萱告诉他，自己想捐 5 万元在贫困地区建一所学校，但是没有精力完成。当时亚力坤 · 奥斯曼并没有往心里去，“直到 2007 年，周萱又跟我提到了这件事。”亚力坤 · 奥斯曼回忆道。

2007 年 11 月，为了满足朋友的心愿，亚力坤 · 奥斯曼与几个朋友开车从乌鲁木齐出发，前往 400 多千米外的巴州和静县和静镇查汗通沟村第二小学进行前期考察。

这是一个很破旧的小学，既没有教学楼也没有操场，几块水泥块就拼凑成了一个黑板。考察过后，他们决定就捐赠给这所小学。经过核算，修建小学需要 10 万元。当亚力坤 · 奥斯曼将情况告诉周萱后，对方毫不犹豫，同意再捐 5 万元。

后续的几次交流中，亚力坤·奥斯曼感到周萱对于资金的使用情况非常关注，同时朋友对捐助工作认真负责的态度也感染了他，亚力坤·奥斯曼向朋友承诺，他愿意做这次施工的监工。

2008 年 3 月 29 日，亚力坤·奥斯曼向单位请了 5 天假，背起背包踏上了去和静县的火车。经过了一夜颠簸，他终于到达了目的地。当时工程已完成了近 60%，但亚力坤·奥斯曼发现一切并不尽如人意。偷工减料现象严重，刚粉刷了几天的墙壁就已经开始剥落，校舍的台阶未完工就已经有了裂缝。亚力坤·奥斯曼与施工队进行了严厉的交涉，施工队主动要求返工，并确保工程质量达标。

终于，工程圆满完成。正准备离开时，村长对亚力坤·奥斯曼说："你来我们村为我们学校做了不少事，我们这些农民都看在眼里，记在心里。只是我们这里十分缺水，村民们种地没有收入，你能不能再捐 10 万元，帮我们打一口井？"

"当时心里很为难，是朋友捐钱建的学校，我只是帮她实现心愿做监工，再要捐 10 万元很难向朋友开口。"但亚力坤·奥斯曼还是拨通了周萱的电话，周萱了解情况后决定再次出资，而亚力坤·奥斯曼又一次主动承担了"监工"的重任。

2008 年 7 月初，一口深 84 米、耗资 8 万元的水井成功地打出水来。这一天村民们敲锣打鼓，欢天喜地。村民每户出 10 元钱举行了一个庆祝仪式，这也是贫穷的查汗通沟村村民第一次自发出钱组织的活动。亚力坤·奥斯曼一行人比约定时间晚了一个多小时才到现场，村民们做好热腾腾的抓饭，一直等他们到来才开锅。当地的习俗是饭不离茶，茶不离饭。全村男女老少几百人今天却没有喝茶，每人面前放着一碗刚打上来的井水。

村民们用自己的方式表达着对捐助人的感谢，他们在井旁树立一块石碑，上面用维、汉两种文字赫然刻着"吃水不忘挖井人"的字样。

周萱和亚力坤·奥斯曼（二排左三）与查汗通沟村村民合影留念

公益志愿路　一坚持便是 8 年多

亚力坤·奥斯曼的一位同事也是一名志愿者。在得知亚力坤·奥斯曼所做的事之后，兴奋地说：“你在和静县所做的，正是志愿者的工作！”亚力坤·奥斯曼当时很是开心，笑着说：“原来这就是志愿者！我喜欢！”

从此以后，亚力坤·奥斯曼开始了自己的公益之路。2008 年 1 月，以亚力坤为发起人的 VSV 正式成立。VSV 提出了“以自愿、不计报酬、利他、平等的方式相结合，利用业余时间，致力于乡村学校志愿服务”的行动宗旨。

VSV 先后开通新疆乡村校园志愿者网站（http://www.xjvsv.org）、微博、微信公众账号等，用新媒体手段，全方位展示志愿服务的情况，吸引了社会各界的广泛关注。

“我跟我的队员讲，参与服务中肯定有很多感人的故事，你们就写出来，很多故事写出来都是很感人的，吸引了更多志愿者参与我们的活动。一图胜千言，很多拍出来的照片也是特别好的，我们做了什么，都可以到网站上看看。”亚力坤·奥斯曼说。

“2010 年 12 月我被团中央评为优秀志愿者，单位知道后便安排我在单位组织一个志愿者协会。”谈到乌鲁木齐海关“海之馨”志愿者协会的成立，亚力坤·奥斯曼说，“我们很多活动中，都能看到乌鲁木齐海关的领导、员工以及社会上的朋友们，大家一起参与志愿服务工作。”

亚力坤·奥斯曼认为，城乡教育是教育局的主管工作，而乡村校园志愿者们则更多地承担起补充的作用。只要有城乡差距，志愿服务的需求就会一直存在。

“达里雅布依被称为‘沙漠深处的原始村落’，那里的孩子们也需要关爱，你为什么不去那里看看？”朋友的一句话，激发了亚力坤·奥斯曼想到达里雅布依提供志愿服务的愿望。

在 2013 年的最后一天，亚力坤来到达里雅布依。由爱心人士捐赠的 7 台电脑已经提前托运至于田县教育局，此行除了要把电脑送到达里雅布依小学，还要给学生们送去 10 套壹基金“爱心温暖包”。

亚力坤·奥斯曼给孩子们演示如何操作电脑，孩子们对新事物非常新奇

亚力坤·奥斯曼和孩子们

在离开达里雅布依时，同行的斯坎坦尔饱含深情地说："与爱同行的日子里感触很多，生活才是最好的创作舞台，我一定要用最美的语言，为孩子们和爱心志愿者写出赞歌。"

据统计，仅 2013 年一年就有超过 600 人参与乡村校园志愿者公益活动，他们自己贴路费、住宿费，利用节假日走访乡村学校，为各民族乡村孩子送去关爱。截至 2014 年 6 月，乡村校园志愿者共开展乡村校园电教室、教师培训、爱加餐、动漫进校园、闲置玩具再生 5 个项目，共有 11 个民族、66 所学校受益，募集社会各界捐赠物资和款项共计 130 万余元。

"最美新疆人"：志愿服务是我的第二职业

对于一般人，能利用业余时间，8 年多来坚持做志愿者工作是非常难得的。亚力坤·奥斯曼却说，喜欢就有时间。

"志愿服务是我喜欢的事，这就是我能坚持的原因。"亚力坤·奥斯曼说，

“我经常给别人讲，你要是喜欢，你就有大把时间；你要是不喜欢，你就有一万个理由拒绝。抽烟喝酒可以上瘾，做公益也可以上瘾。”

2014 年 1 月 10 日，带着一身塔克拉玛干沙漠的尘土，亚力坤·奥斯曼赶到了“最美新疆人”的总结表彰活动现场，他作为 295 名“最美新疆人”的代表之一受到表彰。

亚力坤·奥斯曼感到，从 2007 年到现在，乡村校园志愿者队伍得到了方方面面的支持与认可，获得过很多荣誉，也正因为这样，未来将会有更多人关注乡村教育，愿意参加志愿服务工作。

亚力坤说：“对于乡村校园志愿服务工作，我是从不知道到知道，从知道到有所研究，到最后成为我的第二职业，成为我业余生活的一部分。公益也是一个行业，而我正是一个适合做乡村校园志愿服务工作的人。”

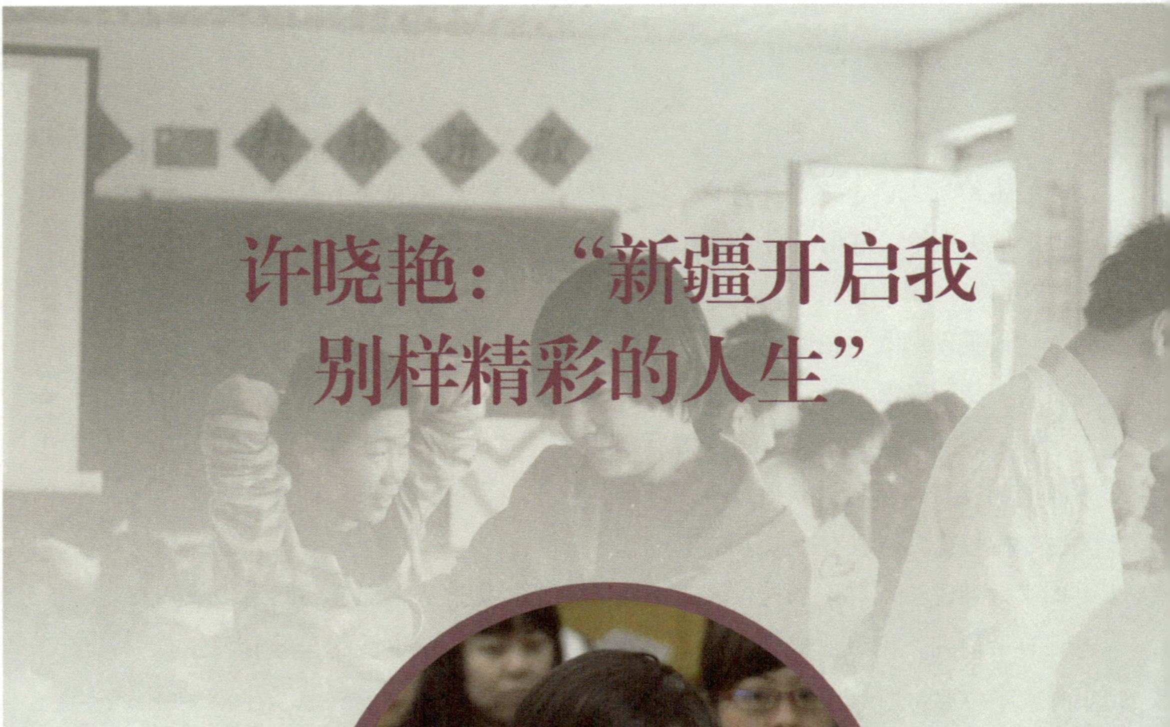

许晓艳：“新疆开启我别样精彩的人生”

许晓艳

我们是西部计划志愿者，我们为自己代言。

“你只看到我表面的寒酸，却没看到我心底的光环。你有你的怀疑，我有我的坚持。你可以轻视我的付出，但未来会证明我的价值。志愿服务也许是场孤独的旅行，路上少不了质疑和嘲笑。那又怎样？哪怕遍体鳞伤，也要笑得漂亮。我们是西部计划志愿者，我们为自己代言。”2013 年 4 月 25 日，许晓艳在“中国梦 · 西部情”西部计划十周年巡回报告团北京报告会上演讲时的这一番开场白，引起现场来自 80 多所高校学生代表的热烈掌声。

许晓艳已经把西部情怀深深融入自己的骨髓里，连自己的名字都解读为“许是许多人欢迎大家到新疆的许，晓是大家的共同努力正让西部志愿者这个名字家喻户晓的晓，艳是新疆的每一个角落都让人惊艳的艳”。许晓艳似乎注定要和新疆有着一份不解之缘。

遥望新疆，那心底最柔软的地方

2004 年，许晓艳还是一名大三学生，在青岛农业大学念书。在许多人眼里，青岛是一个“碧海蓝天、绿树红砖”的城市，一个很多人向往的地方，可许晓艳在自己的随笔《新疆，等我》中写道：“穿越层层风沙片片丛林，我已把心底最柔软的那个角落，留给了另一个地方。”是的，这个地方，就是新疆。

2005 年 7 月，许晓艳大学毕业，当时她有很多工作可以选择：青岛市《交通与运输》杂志、青岛砺智学校、北京“司晶学堂”编辑部、淄博市公安局……在家人、朋友看来，每个选择都比新疆好。可她还是义无反顾地第一个报名参加了西部计划，听说学校很少批准女生的申请，她跑到校团委，一次次“表白”她对新疆的感情。终于，她成为那年青岛农业大学唯一的女大学生西部计划志愿者，被分配到了昌吉回族自治州木垒县西吉尔镇之后，她对新疆的感情一发不可收拾。

来到木垒之后，许晓艳丰富多彩的志愿生活便开始了，她先后担任了照壁山乡远程专干，西吉尔镇远程专干、宣传文化站副站长、团委书记，西吉

许晓艳在第九届中国青年志愿者优秀奖表彰暨学雷锋座谈会上发言

尔中学计算机教师。在服务期间，她对全镇贫困学生进行摸底调查之后，成立了“网罗阳光”爱心组织，为西吉尔镇6名贫困学生争取到长期救助。那一年，几乎每一天，她都会被一些人一些事所感动。

许晓艳印象最深刻的是一个叫古丽的女孩，“她是我成立‘网罗阳光’爱心组织后救助的第一个孩子，父母身体都不好，还有一个智障的哥哥，家庭非常困难”。古尔邦节的下午，古丽突然来到许晓艳的宿舍，打开一个旧的看不清颜色的布包，告诉许晓艳家里杀了一只鸡，古丽妈妈先挑出了两份，一份送给许晓艳，另一份给古丽上学吃，“那是孩子准备吃上一个星期的菜”。许晓艳听完古丽的话，当时眼睛就湿润了，古丽走后，许晓艳一边哭一边吃着古丽妈妈一块块挑出来的鸡肉，“我从没吃过那么好吃又那么让自己难以下咽的食物”。

2006年7月，因延期中间环节缺失，许晓艳不得不离开新疆。服务期满的志愿者要填服务鉴定表，小小的表格里，服务单位一般都是写几个字的评语，再盖个单位章，而许晓艳服务的西吉尔镇，专门附纸写了近700字的评语，

许晓艳和农民工子女在一起

而且以党委、政府双重盖章的形式高度肯定了她的志愿服务。

情牵木垒，重回那片挚爱的土地

2006年9月底，回到山东的许晓艳以全市第一名的成绩考入淄博市广电618电台，由于她工作努力，连续两年被评为先进工作者，经常被抽调负责一些重要领导的接待讲解工作。“只是，我还是不可抑止地想念新疆、惦念木垒。单位每年都组织去几个城市旅行，南南北北去过许多地方，我觉得，最美，还是木垒。”每每想到那段岁月，许晓艳总是用文字来宣泄自己的不舍之情，写下了《想念新疆》《我想那些孩子》等大量文章。想念的种子牢牢地种在许晓艳的心里，甚至她正在家吃着饭，会突然冒出一句“妈，我想木垒了”，然后眼泪吧嗒吧嗒地落到碗里。

上天仿佛听到了许晓艳心底的呼唤，在2009年年末，许晓艳在淄博巧遇时任木垒县县委书记的要建军，她的一篇《新疆，我比想象中爱你》感动了要建军。在多方了解了许晓艳的基本情况及志愿服务表现后，要建军向她发出了重回木垒的邀请。

可是，当回木垒的机会真的降临，许晓艳却没有想象中那般坚定。逐渐老去的父母对她越来越依赖，看着父母一次次躲到角落抹眼泪，听着身边众多劝阻的声音，许晓艳犹豫了……“感谢我伟大的父母。他们会难过，会不舍，会疼，会哭。可是，擦干泪，他们会微笑着给我祝福”。于是，带着自己最坚强的后盾，许晓艳一往无前地踏上了重回木垒的征程。

重回木垒，许晓艳在短时间适应好每一个新环境、圆满完成本职工作的同时，在疆内外报刊发表《情牵木垒》《木垒的春天》《木垒风情别样天》等稿件百余篇。此外，她在各类比赛中都取得较好成绩，如在昌吉回族自治州导游大赛中获一等奖，在“我身边的变化”演讲比赛中获昌吉回族自治州一等奖、自治区二等奖，还获得了“第九届中国青年志愿者先进个人”、昌吉回族自治州“五四青年奖章”等荣誉。在工作之余，许晓艳还积极组织并参加各项爱心助学、扶贫济困等志愿服务活动，为木垒县孤儿发放壹基金“爱心温暖包”，为贫困儿童发放围巾手套，等等。

许晓艳为木垒县孤儿发放温暖包

扎根西部，收获一路真情

常有人问许晓艳：你为什么爱木垒？每到这时，许晓艳就会告诉他们：“我在西部付出真情的同时更一路收获了真情。”在木垒，许晓艳认了一个哈萨克族妈妈。妈妈是她下村走访时认识的，62岁的哈萨克族老人，一句汉语都不会讲，许晓艳的哈萨克语也不算好，虽然她们语言交流非常少，但是她们心心相通，温暖着彼此。“因为茫茫星空下，我们本就是一家人”。

许晓艳在西部不仅收获了哈萨克族妈妈，更找到了属于自己的美丽爱情。许晓艳的爱人与她一样都是西部志愿者，同样扎根在新疆，两人相识于2006年，是西部计划让他们走到了一起，经过四年的相处，终于在2010年，他们走入了婚姻的殿堂。“回想当初，正是因为选择西部计划选择了新疆，才让我拥有了别样精彩的人生。而且，我走得并不寂寞，因为已经有越来越多的人跟我结伴同行。”许晓艳感慨地说。

对于现在的许晓艳来说，她的梦想简单而纯粹：“希望每一片贫瘠的土地都能生长希望，每一张贫苦的脸庞能绽放微笑。”她总觉得，趁年轻，就应该多做点纯粹的事情。

许晓艳期待着更多的志愿者能和她在木垒相见，让西部志愿者尽情拥抱新疆这个美丽而神秘的地方，让更多的人跟她一样开启一段别样的人生。正像罗伯特·弗洛斯特在《未选之路》中所说的：“也许多年后在某个地方，我回首往事轻声叹息，两条道路分散在树林里，而我选择的那条更少人迹，从而决定了我人生的迥异……”

孙丽倩：爱上阿勒泰
爱上志愿生活

孙丽倩

当我们每个人都心怀赤诚地去做我们可以做的事情时，崇高也就回归它的本质，每一个平凡的人都可以很崇高。

孙丽倩很淳朴，也很实在，像个邻家女孩。她从不愿意说奉献，而是强调自己在西部从教这些年有很大收获。

她说：“一直待在新疆，没有想着要离开，并不是说给当地人带去了什么，其实我的力量很有限。如果说做过什么，也是依托‘麦田计划’这个平台，依托西部计划这个平台，我们会把这个平台提供给我们的物质送到需要的人手中，起到中间人的作用。之所以不愿意离开、不忍心离开，是因为我在这个过程中收获了很多，包括麦田的这些朋友、我们教过的学生、麦田的这些孩子，还有在当地结交的一些朋友。”

孙丽倩说，今天的坚守、执着和“军功章”，有一位朋友的一大半功劳，她就是一起来支教、一年后考博出国的王晶冰。她说，是王晶冰把她带进了“麦田计划”，是王晶冰让她在烦恼中奋起。王晶冰是一个内心强大的人，她很乐观，总是笑呵呵的。她走了后，孙丽倩曾一度消沉。

刚到新疆阿勒泰，考虑到让她们生活方便，当地把她们留在了市里的学校教书，她和王晶冰觉得这不是她们想要的生活，坚持要到乡下，只有那样，才能实现理想和人生的价值。她惦记远在三千里之外的父母，感到愧疚，为此落泪，但是一想到这里有需要她的孩子，她一次次地留了下来。她更不舍的还有那些青春的经历和当地朋友的情谊。

爱上新疆，爱上阿勒泰

年轻人都是有梦的，孙丽倩和大多数西部计划志愿者一样，也是如此。

2006 年 7 月 20 日，从河北省石家庄学院汉语言文学教师教育专业毕业的孙丽倩踏上了西行的火车，终点是新疆阿勒泰，任务是支教一年。在这之前，她经过了西部计划志愿者网上报名、学校筛选、体检以及三个月的等待和期盼。

西部计划是由团中央、教育部、财政部和人事部联合实施，从 2003 年起，按照公开招募、自愿报名、组织选拔、集中派遣的方式，每年招募一定数量

2006年10月，初到阿勒泰的孙丽倩

的普通高等学校应届毕业生，到西部贫困县的乡镇从事为期 1~2 年的教育、卫生、农技、扶贫等方面的志愿服务工作。

孙丽倩想从自己习惯的生活中跳出来，到一个陌生的地方，用一年去体验另一种生活：“当时很年轻，就是渴望像我的学长们一样去西部支教，到祖国最需要我们的地方。”

和孙丽倩有同样想法的就是王晶冰。

初到服务地阿勒泰，当地把她俩安排在市里一个学校当老师。但她们发现，其实那个学校师资很充足，并不特别需要志愿者。

孙丽倩和王晶冰从一位培训时认识的乡下老师那里了解到，新疆阿勒泰市切木尔切克乡有学校需要师资。就这样，在当地的支持下，两人一起到了切木尔切克乡寄宿制中学。切木尔切克乡是新疆北部典型的牧业乡，85%的人口是哈萨克族牧民，全乡仅有一条全长不过 500 米的马路。当时，这个寄宿制中学已经五年没有新老师来了，孩子们看见新老师，特别兴奋。

还没来得及仔细欣赏阿勒泰乡下的满天繁星，孙丽倩就投入了紧张的工作中。她接手的是初三年级的语文，她用“诚惶诚恐”来形容当时的心态：“作为一个师范刚刚毕业的大学生，当时压力特别大，担心自己上不好课。”

为了上好作文课，孙丽倩和学生们一起写作文，在规定的时间里和学生们一样完成自己的文章。结束后，孙丽倩会把自己的作文和学生们的作文一起装订起来，在班里传阅。学生们很喜欢这种方式，对作文的抵触也因为老师的参与而有一定缓解，到后来大家越来越喜欢作文课，而且还能写出精彩的文章了。孙丽倩和孩子们约定要尽力考上高中，她甚至将每月领取的西部计划志愿者的生活补贴用到孩子们身上。

孙丽倩说：“支教的日子不是没有困难，但是只要你愿意敞开心扉，所有的人都会尽他们所能来帮你，并且常常会收获到乐趣。”没有菜，同事和学生们每周从家里返校会给她和王晶冰带来自家种的菜，学生们还带她们去捡野生的杨树蘑菇、挖蒲公英。阿勒泰的冬天温度低达零下三十几度，由墙体过薄的仓库改装的宿舍门常常被厚厚的冰冻住，住在学校的学生天天早上来为她们“踹门”。

学生们和孙丽倩之间很快就建立了友谊，这使她的授课事半功倍。用孙丽倩自己的话说，这是她和学生们共同的财富。

准备中考的过程充实而忙碌，孙丽倩的学生们迎来了他们求学生涯里的第一个转折——中考。

在新疆，在阿勒泰，为了保证中考的公平，乡里的孩子参加中考要集中到市里考点考试。考虑到交通不便，很多孩子提前一天到市里住宿。考试期间，孩子们要在各种饭摊上解决三餐。

孙丽倩第一次体会到了在考场外等待学生考试的焦虑。她说，突然理解了曾经站在考场外自己父母的心情。

让孙丽倩高兴的是，2007 年的中考，她带的这 42 个学生中有 26 个考上了高中，这是切木尔切克乡寄宿制中学几年来最好的中考成绩。

中考结束后，孙丽倩的志愿支教期满，然而在阿勒泰有太多的经历让她难以忘怀。

在这里，她第一次吃奶疙瘩，第一次吃手抓羊肉，第一次骑马，第一次看见夜空里长长的银河，第一次看见如路灯般的月亮，第一次站在考场外等待参加中考的学生，第一次和哈萨克族、回族孩子过中秋节……

在这里，她第一次看见了茫茫戈壁、一排排的胡杨和漫天的繁星，天与地显得那么旷远和壮阔；在这里，她学会了骑马，见识了哈萨克人的乐观和勇敢，领悟到了生命的顽强和伟大。

“美丽而神奇的新疆给予我的远远超过了我能想到的一切，”孙丽倩感慨地说。

“我非过客，我是麦客”

谁也没有想到，一年支教期满，孙丽倩会选择留在新疆。她参加了自治区“特岗”教师招聘考试，以报考科目第一名的综合成绩考入阿勒泰地区富蕴县喀拉通克乡一中，又开始了三年的农村支教生活。她经常说，她想做一名好老师，她喜欢新疆，喜欢那里的孩子。

在中央电视台科教频道《讲述》栏目上，她曾说过，她不是过客，她是麦客——“麦田计划”的一名志愿者。

在阿勒泰市里那所中学时，刚入职的孙丽倩对很多工作很好奇，经常与身边的同事交流和探讨各种问题。有一次，一个同事提醒她："你不用了解那么多，你就是个过客。"

对于很多西部计划志愿者来说，他们确实就是西部的一个"过客"——在他们青春年少的时候，满怀着理想，用一到两年的时间，到祖国最贫困的地方、最需要的地方，为当地的孩子做些力所能及的工作。但是，毕竟他们的根在内地，有牵挂着自己的父母和朋友，还有已经习惯了的城市生活和优越的环境，以及理想的工作和实现人生价值的通途。

孙丽倩不想成为过客，她试着留下并融入进去。

"第一次展现在我面前的喀拉通克乡只有几排破败的土坯房子。"孙丽倩说，"那时我才开始了真正意义上的西部支教生活。"这里更符合人们对贫困地区支教生活的想象——简陋的教室，少得可怜的学生和混合制教学。

孙丽倩那个班只有八名学生，到现在她仍然说得出他们的名字和他们的详细情况：

温慧荣——当时班里年龄最小的一个，四五岁就跟着姐姐在队上的学校上了一年级，是当时班里最聪明的。家中三个孩子，姐姐、她、弟弟。父母身体不错，因此家庭条件还好；

金玉霞——学习成绩不好，是个老实淳朴的孩子；

马燕——家庭条件不错，学习成绩一般，不很聪明，但很刻苦，现在富蕴县高级中学读高二；

马辉——现在富蕴县高级中学读高二；

马雷——现在富蕴县高级中学读高二；

马永强——初中辍学，现在已工作；

乌拉斯——现在黑龙江上技校；

马兰——上完初中就辍学了，现在已工作。

与切木尔切克乡寄宿制中学不同，在喀拉通克乡，没有其他的支教老师，孙丽倩一个人开始了支教生活。

孙丽倩也动摇过。她说："在这个荒凉的农村，我不是没有掉过眼泪，不是没有想过要离开、要放弃。"

但是一想到这里有需要她的孩子，有她能改变的生活，她就坚定了，尤其是“麦田计划”的成果鼓励了她。

孙丽倩说：“在这几年中，还有另一件事支撑我走过最艰苦最动摇的时刻，那就是‘麦田计划’。”

说到“麦田计划”，就不得不提王晶冰，她是把“麦田计划”带到新疆、带进孙丽倩生活的人。王晶冰在做西部计划志愿者的同时，把“麦田计划”带入了新疆，成立了“麦田计划”新疆分社。

“麦田计划”是一个纯民间助学团队，致力于改善中国贫困山区孩子的教育环境，包括为贫困山区中小学生提供读书资助、兴建校舍、成立图书室等服务。

开始时，孙丽倩和王晶冰一起在教学之余走访并收集贫困地区贫困孩子的资料，为他们寻求资助。

有一对卖旧书的姐弟让孙丽倩非常难忘。那时孙丽倩常在一个旧书摊上

2011 年 11 月，孙丽倩回访新疆和田县塔瓦库勒乡翁村小学麦田图书室

买《读者》等杂志念给学生听，摊主就是这对姐弟俩。偶尔和他们聊起来，孙丽倩才知道姐弟俩的家庭状况不是很好，他们的爸爸妈妈患严重风湿性关节炎——妈妈骨骼变形干不了重活，爸爸的疝气已有十几年。家中的三个孩子从上小学开始就自己挣钱——卖苞米、卖菜、卖旧书刊。有一次，孙丽倩去了趟姐弟俩的家，房子虽然很简陋，但是昏暗的屋内张贴着醒目的证书和奖状。家里靠烧干树叶、干树枝取暖，阿勒泰的 12 月，站在他们家里，脚心直钻凉气。

孙丽倩和王晶冰把姐弟俩的事发到了“麦田计划”网上社区，很快就有人伸出援手结对子，解决了姐弟俩的上学困难。

孙丽倩说：“我看到让人触目惊心的贫困，也看到了孩子们的勤奋懂事，这让我有心碎的感觉。一开始觉得这些孩子是不幸的，但是看到孩子们在最无助的时候得到了帮助，我又觉得他们是幸运的。”

这些年来，孙丽倩的足迹遍布了阿勒泰地区六县一市的很多村落，实地走访学生 146 人，资助贫困学生 90 人，筹集各项资助款约 26 万元。在当地教育部门和学校的支持下，阿勒泰地区富蕴县等地建立起了“麦田图书室”19 间，购买图书 8000 余册，发放书包、文具等 120 余套，发放各种体育器材 300 余件，发展“麦田计划”志愿者百余人。

“麦田计划”的一个理念是“谢谢这些孩子给了我们一个表达爱的机会”，所以，孙丽倩觉得“麦田计划”给自己提供了舞台，提供了“给贫困孩子一个机会，给自己一份快乐”的机会，她很享受这个机会。她乐此不疲，自豪地说自己是“麦客”。

每一个平凡的人都可以很崇高

孙丽倩的学弟在 2010 年一次报告会上这么介绍他印象中的孙丽倩：在基层的这 3 年中，孙丽倩通过自己的不懈努力、踏实工作，担任了学校的教务主任，并获得阿勒泰地区 2008 年度“优秀志愿者标兵”称号、第八届中国青年志愿者优秀个人奖。她认识到只要踏实勤恳地工作，面对困难时不被打到，就能迅速成长起来。在别人没有开垦过的土地上，才能收获更多希望。

孙丽倩说：“一直以来在我的记忆和认识里，‘崇高’就是一个抽象的、永远无法企及的词汇。然而，通过西部计划来到新疆、做‘麦田计划’的经历，让‘崇高’这个词忽然变得亲切起来。先是遇见了王晶冰，发现曾经觉得离自己很遥远的公益事业原来也可以如此简单，只要你愿意，就可以通过自己的双手给暂时处于困境中的孩子以力所能及的帮助。再是遇到林老师、刘老师（孙丽倩工作过的中学的同事）这些十几年如一日在乡村中默默耕耘无私奉献的老师们，使我体会到崇高并不是一个遥不可及的词汇，它出自平凡琐碎的生活，出自每一位平凡人的尽力而为。当我们每个人都心怀赤诚地去做我们可以做的事情时，崇高也就回归它的本质，每一个平凡的人都可以很崇高。”

潘慧曾经是孙丽倩的一名学生，现在她已经在乌鲁木齐市一家制药厂上班。潘慧说：“初见孙老师，感觉她是一个随和有耐心的人，她会让学生自己发现错误，给犯错误的学生留面子。”

潘慧初中毕业后，在“麦田计划”的资助下就读于乌鲁木齐市头屯街兵团技校。孙丽倩觉得两年的技校生活，让潘慧变得更加开朗了。

2011 年的 11 月，潘慧结婚了，孙丽倩参加了她的婚礼。现在，这对曾经的师生成了很好的朋友。潘慧认为，孙老师的支教生活太辛苦，工资本来就不多，除了教书、资助“麦田计划”的孩子，还要去很远的农村走访，也不理解她为什么会一直在新疆坚持到现在。潘慧说：“孙丽倩是个单纯的人。”

努尔江同学，在孙丽倩的记忆里也很清晰。努尔江非常内向，孙丽倩第一次跟她说话时，她竟然由于羞涩和激动哭得一句话也说不出来。

孙丽倩曾“发明”了一种记周记的教学方法，要求每个学生每周一记，什么都可以写，包括对老师想说的心里话。努尔江在周记里透露出对主持人的喜爱，孙丽倩便鼓励她在一次辩论会上担任主持人。那天，努尔江的表现可圈可点。从此之后，她逐渐开朗起来，敢于和同学、老师交流，成绩也稳步提高。

现在努尔江已经是一名大学生，还和孙丽倩保持着联络。

如今，孙丽倩已经回到了她定编的学校，担任五年级的班主任，教语文、品德与社会两门课。这是孙丽倩第一次当小学班主任，孙丽倩觉得跟管理初中的孩子有很大的差别。对她来说，这又是一次新的学习和挑战。

在别人眼里非常辛苦的支教生活，孙丽倩却觉得很充实。她说自己其实不是一个能力很强的人，能到新疆支教让她“人尽其才”。新疆的孩子给了她很多的感动，孩子们的纯朴是她留在新疆最重要的原因。

阿力甫夏·依那亚提汗：牧民孩子们的启明星

阿力甫夏·依那亚提汗

这些孩子就是我的全部，我最大的愿望就是他们可以学到知识，可以走出大山。为了他们，我甘愿守在这里，希望可以照亮他们前进的路。

2012年9月8日上午，教师节前夕，由中央电视台和光明日报社联合主办的2012年“寻找最美乡村教师”大型公益活动正式揭晓“最美乡村教师”名单。来自新疆塔什库尔干的阿力甫夏·依那亚提汗，获得了“最美乡村教师”这一称号。

地处祖国边境的新疆塔什库尔干塔吉克自治县，海拔3100米，被昆仑山所环绕。放牧是这里居民的主要生活方式，他们不懂汉语，也很少走出县城，不少孩子失学在家。

2005年，23岁的塔吉克族小伙阿力甫夏·依那亚提汗来到了这里，成为班迪尔乡寄宿小学的汉语老师。如今，他已在这片大山深处坚守了十余年。

他在峭壁上艰难地攀爬，在泥泞的雪山上寻求道路，十余年的青春，他用双脚为600多个牧民的孩子走出了一条求知之路。

是孩子们改变了他

阿力甫夏·依那亚提汗出生在塔什库尔干县城一个普通农民家庭。他的父亲是一名翻译，通晓汉语、维吾尔语以及塔吉克语。阿力甫夏有三个哥哥、两个姐姐，作为家里最小的孩子，阿力甫夏从小就很受家人疼爱。

2005年，成绩优异的阿力甫夏从喀什师范学院毕业后，被分配到离家50千米的班迪尔乡寄宿小学教汉语。那里山路崎岖，没有电，没有网络，在阴雨天，连手机信号都没有。教师的宿舍是坑坑洼洼的泥土地面，里面连张像样的床都没有，从小被家人疼爱着的阿力甫夏没待几天，便提着行李“逃”回了家。

看着“逃”回家的小儿子，阿力甫夏的父亲严肃地对他说：“一个月挣两千块钱和教一个孩子知识，是不能画等号的事情，教书育人是在行善积德啊！”

听了父亲的劝说，阿力甫夏·依那亚提汗忍着委屈，答应了返回学校。

由于这里老师们的家全在学校附近，只有阿力甫夏一个人住在教师宿舍。

阿力甫夏在家乡

返校那天，心情郁闷的阿力甫夏·依那亚提汗便买了两瓶酒，一个人在宿舍里喝得酩酊大醉。

第二天一早，他是被学生们叫醒的，年幼的孩子们怯怯地叫他起来上课。

“我当时说我难受，感冒了，不能上课。”阿力甫夏说，没想到听了老师的话，一个孩子过会儿竟拿着感冒药回来了。“他兜里只有三块钱，全给我买了药，那其实是他爸爸给他买本子的钱，我当时真的很感动，觉得自己太自私了。”看着稚气的学生，阿力甫夏立刻拿出五块钱，让他用三块钱买本子，余下的买些糖，分给班上的同学。

“老师好！”当阿力甫夏走进教室，听到学生们齐声喊时，他十分激动，“当时我决定留下来，是这些孩子给了我力量。”

就这样，他在班迪尔乡寄宿小学留了下来，孩子们改变了他，同时，他也改变了这里的孩子们。阿力甫夏精通汉语，改变了学校只有三年级以上的班级才有汉语课的现状，从一年级就开设了汉语课。

每当阿力甫夏·依那亚提汗到县城开会回来时，准有一堆孩子守在大门口，见到他就扑到他身上又闹又玩。与他共事的老师笑着说：“这些孩子，就认阿力甫夏，只写他布置的作业。”

在班迪尔乡小学的6年里，阿力甫夏给学生们打下了坚实的汉语基础，已有30多名学生考上了中专或高中，甚至参加了高考。

后来班迪尔乡寄宿小学盖了新教室，通了电，也有了手机信号。而这时，阿力甫夏却接到通知，塔什库尔干县教育局任命他为马尔洋乡寄宿小学校长。

阿力甫夏·依那亚提汗离开班迪尔乡寄宿小学时，孩子们拥在校门口送他。“我往前走着，但总觉得迈不开步子，我舍不得那里的孩子们。”阿力甫夏说，泪流满面的他终于体会到了当一名老师的幸福。

面临新的挑战，他选择了坚持

新疆塔什库尔干塔吉克自治县马尔洋乡，地处帕米尔高原东部。北有海拔7546米的“冰山之父”慕士塔格峰，南有海拔8611米的世界第二高峰乔戈里峰。马尔洋乡寄宿小学就坐落在这个离中巴边境仅8千米的中国极西之地。这里的教室、宿舍和食堂全是破旧的平房，平房中间围出一片空地，便是孩子们的操场，坑坑洼洼的地面上架起了一个没有篮筐的篮球架。学校背靠陡峭的山壁，前面是激流险滩。

2011年2月，阿力甫夏到马尔洋乡寄宿小学上任，他的哥哥开车把他送到达坂下，由于大雪封路，阿力甫夏只好步行。20千米的崎岖路程，他在海拔4500米的雪地里走了整整11个小时，双脚都冻麻了。

“学校里没有电，冬天只有白茫茫的大雪，没有路，气温达到了–30℃，前一任校长正是因为条件过于艰苦而辞职的。”阿力甫夏说。除了阿力甫夏和十几个孩子，这里没有其他人。

在祖国边境这个自然条件极为恶劣的地区，早晨8点半，天依旧是黑的，阿力甫夏却早早起床为孩子们准备早饭了。

“我刚来时，孩子们的手和脸都脏乎乎的，饭前洗手都是我教他们的。”

阿力甫夏说。

十几个孩子分属学前班到三年级，基本上都没有汉语基础。阿力甫夏·依那亚提汗把他们集中在一间教室里，一同教汉语，他模仿孩子们熟悉的动物的声音，教孩子们学习拼音。

上完课，他还要负责给孩子们做午饭。晚上，等孩子们都入睡了，他就去给孩子们盖被子，把孩子们的脏衣服收走，在自己的宿舍里洗干净，看见孩子们的衣服、袜子破了，他又一针一线地给缝上。忙完这些，还要准备第二天的课程，休息时往往已是凌晨时分。

一周是 36 节课，整整一个星期，阿力甫夏常常忙得连饭都吃不上。为了孩子们，阿力甫夏即将订婚的女朋友也和他分手了。

就在阿力甫夏快要坚持不下去的时候，他在班迪尔乡寄宿小学教过的几个学生打来电话：“当时他们说，老师，我们几个考上中专了，学的都是汉语专业，多亏了小时候你给我们打的基础，我们以后也要回家乡，跟你一样当老师。听了他们的话，我真的很自责，我觉得我还是没有完全为孩子们着想。”

阿力甫夏拿着电话沉默了好一会儿，他想起了学校，想起了马尔洋乡的那些孩子们。他很快下定决心，再苦再累，也要坚持下去。

“经历了这么多事情，我觉得给孩子们教授知识才是最重要的，这比我自己赚钱或者去好的工作环境更有意义。我留下来，是为了让他们可以学到知识，可以走出大山。”阿力甫夏说。

燃烧自己　照亮他人

马尔洋乡的村落非常分散，几乎是一个山沟一个村庄。最初，马尔洋乡寄宿小学只有十几名学生，全部来自离学校比较近的布户吉拉甫村和努希敦村，离学校几十千米甚至上百千米的皮里村、热斯卡木村等村庄的学生并没有来上学。

为了让更多牧区的孩子可以接受教育，阿力甫夏骑着骆驼挨家挨户地劝说家长，一连走访了 40 多家。最远的路程骑骆驼来回要半个多月，最近的也要四五天，道路艰难得难以想象。“能走到哪里，我就走到哪里，能奉献多

阿力甫夏在皮里村家访

少力量，我就奉献多少。”阿力甫夏说。

在去往热斯卡木村的时候，阿力甫夏·依那亚提汗背着馕（新疆的一种食物），每天至少要走 12 个小时的路，每次他都要穿越叶尔羌河，爬过十几处陡峭的悬崖，走到两腿发抖，双脚都磨出血来。但是想起孩子们，他咬咬牙又继续走了下去。渴了他就喝叶尔羌河里的水，晚上住在途经的村民家。他一路上都不敢骑骆驼，因为骑骆驼会大腿疼，到时候就走不动路了，走了一个星期，阿力甫夏终于到达了目的地。

9 岁的艾拉提就居住在热斯卡木村里，他的父亲加萨拉提以放牧为生，艾拉提天天跟着父亲学赶羊群。

看到阿力甫夏，加萨拉提很吃惊，但是他并不同意让艾拉提去上学，“家里离学校太远了，一出去都不知道多久才能见到娃娃，所以我不同意。”阿力甫夏并没有因此放弃，而是一遍一遍地劝说：“我会好好照顾孩子，放假了会亲自送他回来。”阿力甫夏还和他讲了孩子们学习知识的重要性，“这里的家长都没有受过教育，他们以放牧为生，如果这里的牛羊被狼吃了，他们便没了生活来源。我们的国家在发展，社会在发展，孩子们总不能一辈子都在这里放牧，我劝了很久，他终于答应了。”

像加萨拉提这样的家长并不止一个，每次遇到这样的人，阿力甫夏都会一遍遍地和他们解释，并想尽办法把学生接到学校，保证自己会照顾好年幼的孩子们。

事实上，他也是这样做的。通过阿力甫夏的努力，现在学校从学前班到三年级已经有了 61 名学生，并增加了 14 名教职工。每次放假，阿力甫夏都会和其他的老师一起接送孩子。一路上他们冒着生命危险穿越高山峡谷，护送孩子们回家。学生的家长们都亲切地称阿力甫夏是月亮，在黑暗中给他们带来了光明。

坚守在孩子们的求学路上

每到周末，阿力甫夏都要骑着骆驼去家访，了解孩子和他们的家庭情况。在家访过程中，阿力甫夏·依那亚提汗了解到三年级学生买西来普的父亲放牧时不幸摔下山崖身亡，家里只剩下母亲和妹妹，生活十分困难。为此，阿力甫夏多方联系寻求帮助，最终为买西来普找到了红十字会，为这个家庭争取到每年 600 元的补助。

受到这样帮助的孩子还有很多，在阿力甫夏的努力下，几年里共有 20 多名孩子受到红十字会的帮助。

阿力甫夏说："这些孩子就是我的全部，我最大的愿望就是他们可以学到知识，可以走出大山。为了他们，我甘愿守在这里，希望可以照亮他们前进的路。"

陈锐军：一段援疆路　一世天山情

陈锐军

牢记职责，投入真情，摆正心态，找准定位，扎实工作，不辱使命。

2008 年 9 月 11 日，中秋，新疆昆仑山下，拂晓的和田一片静谧，雪山下绿洲旁的农牧家园，偶尔传来牛哞羊咩马嘶虫鸣。

此刻，远在千里之外的首都北京，有一颗激情澎湃的心早已飞越天山，横穿塔克拉玛干大沙漠，飞到了玉龙喀什河畔的千里葡萄长廊。

知识分子“投笔从戎” 三代人的家国情怀

这个人叫陈锐军。来到西域南疆之前，他几乎长期在京城，自嘲“四京人士”——祖籍东京汴梁（河南省开封市），1964 年生于西京长安（陕西省西安市），80 年代初求学于“南京”（母校浙江大学，地处杭州，南宋京城），2002 年“进京赶考”参加公开竞聘，荣任中国建筑工程总公司政工部副主任，援疆前任中国建筑发展有限公司纪委书记、监事会主席。现在，他将新增一项责任——他和同行的 320 多人，作为中组部第六批援疆干部，乘专机奔赴新疆，目的地是地处南疆和田的新疆生产建设兵团第十四师。他自己从来没有想到，人到中年，还能有这样一次机会，从祖国的政治文化中心，来到遥远的南疆，一个传说中非常神秘的美玉故里——和田。到这个全新疆条件最为艰苦、环境最复杂的地方，去开启一段为期一年半的屯垦戍边、激情创业的兵团援疆征程。

是年，陈锐军 44 岁。6 年前只身从西安闯荡北京，一个没有任何家庭背景可以依靠的青年，凭着满腔热情和朴实真诚，在竞争激烈的职场上苦苦打拼了 6 年，刚刚稳定下来。两个可爱的女儿，一个即将高考，一个即将升初中，长期与他们共同生活的岳父腿有残疾，需要人照顾。所以，当组织部门找他谈话询问是否愿意援疆时，他第一反应觉得有些突然和担心。想想自己如果真的远赴边关，以后一年半的时间，全部家务重担要落在妻子一个人肩上，真的有些不忍。

他向组织表示，援疆的安排，自己坚决服从，但要回去和家人商量一下，第二天正式答复。

妻子听说组织安排丈夫去援疆，半天没有做声。沉吟片刻，她坚定地跟他说："你去吧，放心，家里有我呢！"

两个女儿听说爸爸又要离家远行，一时间反应不过来，都难过了半天。小女儿还躲回自己房间，悄悄地哭了一通。但她很快擦干眼泪，很懂事地说："爸爸，你放心去吧！我们帮着妈妈看好家。爸爸援疆很伟大，我将来长大，也要当支边教师。"

现在回想起来，陈锐军仍然非常感谢自己的家人，正是因为她们默默的支持，才让自己鼓足勇气，义无反顾地走上援疆之路。

陈锐军说，如果深究自己这么快就下定决心援疆的原因，恐怕还要追溯到自己这个小知识分子家庭传承的家国情怀。他名叫陈锐军，弟弟名叫陈铭军。兄弟二人的名字，就寄托着父母期望儿子能从军报效国家的家国情怀。

希望孩子能参军，在部队里得到历练，能献身国防、保家卫国，这是陈锐军父辈那一代人普遍的愿望。父母也多次提及，他们一直希望自己有机会到边疆去，到祖国最需要的地方去，在广阔天地有一番作为。在家庭文化熏陶之下，组织的一声召唤，立即激发了陈锐军内心的报国情怀。

更让他下定决心的，来自于当天晚上他对新疆和兵团历史、地位、作用知识的"恶补"。在仔细查阅新疆兵团史料的过程中，他一次次为兵团光荣的历史所感动，兵团人铸剑为犁、世代屯垦戍边的事迹，深深打动了他。

这一夜，他失眠了。

第二天陈锐军就正式回复上级部门，自己无条件服从组织安排，坚决完成援疆任务。

突然就要离开刚刚稳定下来的小家，再一次远赴他乡，镇守边关，开始新一轮的"折腾"，陈锐军心里难免会有些感伤。但肩负的使命与责任，又容不得他有丝毫的犹豫。

出发！向着西域，向着南疆，向着使命召唤的方向！

挂职兵团第十四师　扎实工作不辱使命

按照中组部和兵团党委的统一计划，陈锐军被安排去新疆生产建设兵团第十四师工作，担任师党委常委、副师长。分工负责基本建设、环保、房产、招商引资、旅游、安全生产、外事、民政、社区、教育、中建总公司对口支援十四师的协调工作，分管建设局（环保局、房产管理局、设计院、质量监督站）、旅游局、安全生产办公室、外事办、侨办、民政局、残联、教育局、体育局。

初到兵团的陈锐军，看到自己的分工，着实吓了一跳。毕业于浙江大学无机材料专业的他，虽然从事过建材设计工作，从事过党群管理、纪检监察和企业文化建设等工作，可是要在一个复杂艰苦的环境当中，一下子分管这么多的工作，心里还真没底，一连几天没有睡个踏实觉。但是陈锐军没有退缩，他认识到这段经历是心灵的洗礼，是丰富人生、奉献边疆的一次难得的机遇。他努力思考着，如何加强调查研究，深入了解实际，尽快在实践中学习，尽快进入和适应角色。他要求自己“牢记职责，投入真情，摆正心态，找准定位，扎实工作，不辱使命”。

援疆这件事，如果没有亲身经历，真的很难了解。对于援疆干部，有很多种流行的说法：

——“到那么艰苦、危险的地方，做不做事情无所谓，只要能待得住，本身就是一种贡献。”有人理解环境的艰苦，理解援疆干部的不易。

——“援疆就是镀金去了，回来组织上一定会提拔。”有人把援疆当成职务升迁的捷径，不少人会有些功利的考虑。

经历了一段援疆生活之后，再听到这样的说法，陈锐军会释然一笑。他表示“可以理解，但不予赞同”。他认为，援疆干部这个称号本身就是一种荣誉，要对得起这个荣誉，自己首先必须要有深入基层挂职锻炼、虚心学习的心态。

在基层调研时，南疆的贫困、荒寂与都市的繁华、喧闹，兵团人的质朴、坚韧与都市人的冷漠、脆弱所形成的巨大反差，一次又一次强烈地震撼着他的心灵；南疆落后的经济条件，边疆儿女渴望发展的强烈愿望，一次又一次

陈锐军（一排左一）带队参加乌鲁木齐对外经济贸易洽谈会，大力推介十四师农副产品

鼓舞着他的创业激情。所见所闻、所思所想，让他常在暗夜里潸然泪下。

天山雪松、绿洲白杨、戈壁红柳、大漠胡杨都凝聚了新疆和兵团的精神，丰富的营养值得认真汲取。既然选择了援疆，就必须把边疆的热土当成自己的家乡，必须和新疆各族群众、兵团干部职工共同奋斗，实实在在地做上几件暖心窝子的事情，可以让援疆经历成为心灵的真正历练，成为人生当中一段难忘的激情燃烧的岁月。

在这短短的一年半的时间里，正是这个强烈的愿望不停地驱使着他一路攻坚克难：

他临危受命，不避艰难，努力协调各种资源，宣传兵团的光荣和现实的困难，解读国家政策、查找破解难题的途径，最终帮助十四师成功减免了1100万元的各种税款，有力地支持了十四师现代农业的发展，间接创造了巨大的综合效益；

他带队努力攻克难关，赢得国家工商行政管理总局商标局的大力支持，成功帮助十四师注册了“和田玉枣”商标，既有效巩固了十四师红枣支柱产业发展的基础，加强了屯垦戍边的实力，又有力地促进了兵地之间的合作和共同发展。

在乌鲁木齐“7·5”事件刚刚发生的特殊时期，他成功地把全国第一所民族团结红军小学建在了具有光荣传统的兵团十四师第四十七团。中央电视台《新闻联播》及时报道，很好地宣传了兵团，增强了十四师广大干部职工促进民族团结、完成屯垦戍边使命的责任心和荣誉感；

他带领援友，对和田地区相关资源进行了深入调研，提出了第二个支柱产业“红柳大芸深加工”的发展计划，并协调母校浙江大学的科技资源帮助实施；

他协调社会资源支持，捐助200万元给自治区援疆干部扶贫基金，定向扶持十四师创建了全疆第一个“双语教育奖励基金”，努力探索建立有益新疆长治久安的激励机制；

他积极当好联络员，向派出上级单位汇报工作，得到中建总公司对口援建资金支持，认真策划了直接关注民生、十四师迫切需要建设但国家和兵团

陈锐军（左一）参加民族团结红军小学正式立项及捐赠仪式

支持还不到位、资金需求量不是很大的项目：为皮山农场职业技术学校购置了职业教育配套设备；为四十七团建设了养老院，为解决老战士、老职工老有所养问题提供了一定的支持……

其中最让他念念不忘的是他和援友、战友、校友们一起，集思广益，群策群力，帮助十四师成功减免千万余元滴灌设备税款的经历。

2009 年春节后，正在兵团参加会议的陈锐军，突然接到师党委的指示，命令他即刻返京，协调各种社会资源，想方设法帮助十四师减免用意大利政府贷款进口国外节能滴灌设备的税款。

原来十四师所属的 224 团用意大利政府贷款进口的节水滴灌设备项目，在进入海关清算时发现有不少部分已经不属于免税范围，预计关税、增值税高达 1100 余万元，远远超出师部的预期。弄清原委，当时有不少人都认为，国家政策严格，涉及金额巨大，此行胜算渺茫，唯寄望于奇迹。

面对这样一个“不可能完成的任务”，陈锐军认为，只要有一丝希望，就必须付出百倍努力。毕竟是千万元的税款，对一个年生产总值只有 3 亿多元的十四师来说，是一个天文数字，绝不能让正处在改革转型期的十四师承担如此重负了。

陈锐军和他的援友们开始谋划。要破解这个难题，突破口是，找对主管部门；依据是，寻求充分的政策；方式是，晓之以理，动之以情；关键点是，乌鲁木齐海关和北京相关部门。

乌鲁木齐——“晓之以理”的任务由一直分管此项工作的文副师长负责，当海关同志听完文副师长的报告以后，对十四师的处境表示理解和同情，但此项目早已不在免税范围，他们也爱莫能助。在这样的困境中，陈锐军“动之以情”的任务无形中成了“最后的救命稻草”。

十四师，既有光辉的革命历史，也是出了名的“困难师”。陈锐军履职不久，就认真研究了十四师的“前世今生”，并总结出十四师的“七宗最”：历史传统最久，组建时间最晚，规模总量最小，所处地域最偏远，生态条件最恶劣，社会环境最复杂，稳定任务最艰巨。希望在对外宣传时，能够助力师部获取更多政府、社会上的关注和支持。没想到在这个时候“七宗最”还是发挥了不小的作用。

他用“七宗最”来重点介绍十四师，恳切希望海关的同志对负有特殊使命又特别困难的十四师多一些支持。援疆干部用激情和真情，打动了他们，尤其是陈锐军有情有据有理有节的要求，让他们不好再拒绝。

北京——北京之行的工作是紧张而又高效的。出发之前，陈锐军就联系好了在北京的校友、援友及各种可能用到的社会资源，提前让他们做好预案。两天时间里，他带领援友们来回穿梭于海关总署、财政部等有关部委，详细向他们报告此次事件的原委，恳求获取中央支持。

功夫不负有心人，历经三个月，经过上下共同努力，减免千万元税款的目标终于得以实现。这对于十四师来说，意义非常重大；对于陈锐军来说，无疑是他援疆生涯中浓墨重彩的一笔。

南疆“过客”——兵团永远的宣传战士

“二等功”“优秀援疆干部”，这几乎是兵团能给予陈锐军的最高荣誉。可是他觉得，除了自豪，更多的是羞愧。他说，以华士飞司令为代表的老兵团人，从青年时代就主动要求支边，满怀报国激情屯垦戍边。他们扎根边疆，献了青春献终身，献了终身献子孙。他们谙熟历朝历代国家治理新疆的历史以及当代亟待解决的突出问题，对兵团事业呕心沥血。他们为了祖国边疆稳定、社会发展，一生执着追求，默默奉献，无欲无求。对来也匆忙、去也匆忙的援疆干部来说，这是一种真正的心灵洗礼。

在兵团和十四师工作了一年半，陈锐军和“老兵团”结下了深厚的友谊，大家在很多方面给他的关心和照顾，这份情，陈锐军终生不忘。

“回去之后，我一定信守诺言，当好兵团和十四师的‘编外战士’，继续当好新疆、兵团、十四师的宣传员、联络员和应急消防员。力求无愧于‘优秀援疆干部’这个光荣称号，无愧于二等功的崇高荣誉。终生努力，继续建功！”

陈锐军是这样说的，也是这样做的。

回到北京，他抓紧一切休息时间，认真整理援疆时所拍的两万多张照片，再次整理在新华网发表的十几篇手稿，整理笔记继续撰写，最终汇集成《南疆飞鸿》一书，在新华出版社出版。他不遗余力地向社会推介新疆、兵团，

陈锐军（右八）邀请北京医疗队援友到十四师调研指导医疗卫生工作

看到网络和微博能够聚拢人气，人到中年的他，也赶着时髦，上QQ、开微博。他用自己的点滴行动时刻践行着离开兵团时的承诺，同时也向社会各界诠释了“新疆是新疆人民的新疆，也是全国人民的新疆”的真正含义。

援疆一年半，事业有成，荣誉满载。很多朋友颇为感慨：我们在机关天天都忙忙碌碌，好像一年半载也很难做成什么大事业，而陈锐军援疆一年半，居然做了好几件很像样的事情，这是为什么呢？

关于这个问题，陈锐军也一直在思索，后来他说，这也许是“过客心态”使然。很多时候，“过客”并不是一个褒义词。援疆到达乌鲁木齐第一天，兵团聂卫国政委和华士飞司令在欢迎大会上，就语重心长地对援疆干部说，不要把自己当成一个“过客”，兵团正处在深化改革发展、加快建设全面小康的关键阶段，援疆干部肩负支援边疆的光荣使命，要在屯垦戍边的伟大实践中锻炼提高。可见，“过客心态”是必须克服的。

但是，任何事情都有其两面性。“过客心态”亦然。相对于世世代代屯垦戍边的兵团人，援疆干部只能是个“过客”。如果认为援疆只是一段镀金的经历，只是走一个过场，援疆期间自己不能融入兵团，不能踏实工作，只当一个匆匆“过客”，那一定难有作为；如果认真地看待“过客”这个身份，积极投入兵团生活，认真工作，也可以积累一些经验，成就一番事业。

俗话说：“人走茶凉。”可是，对陈锐军来讲，人虽离开了新疆和兵团，但那份在西域焕发的炽热情怀，永远与新疆、与兵团紧紧相连。而兵团这杯“茶”，在懂得感恩的他的手中，永远不会凉！

林俊德：茫茫大漠四十载 一生为国铸核盾

林俊德

我一定会勤奋工作，把自己的一生献给祖国的核事业。

这是令人动容的一幕：头戴氧气面罩，身上插满了各种医疗管子，却仍在冲锋……

此时的他已经病危，却多次拒绝治疗，要求工作。众人拗不过他，终于在大家的搀抬下，他缓缓地迈进仅数步之遥的办公桌，开始了一生最艰难也是最后的冲锋……

颤抖的手握着鼠标缓缓地移动，身旁监护仪不断报警，屏幕上的数据揪心地跳跃着……

视线已渐渐模糊，他却叮咛着需要交接科研项目的相关资料。

悭吝的时间不肯给这位可敬的科学家临终的从容。来不及把笔记本上五条提纲的内容填满，来不及整理完电脑中的全部文档，甚至来不及给亲人以更多的嘱托和安慰，弥留之际，口中还喃喃地念着电脑里的资料……

2012 年 5 月 31 日，这颗赤子之心匆匆停止了跳动，留给人们的，永远是那个冲锋的背影。

生命中的最后三天，林俊德让人把办公桌搬进病房；在生命的最后七天里，他把从死神手中抢来的每一分每一秒都用来工作；在生命的最后一天，他强忍着剧痛，坚持伏案工作长达 74 分钟！

他，是我国爆炸力学与核试验工程领域著名专家、中国工程院院士、总装某基地研究员林俊德，享年 75 岁。

他，是一位毕生为祖国铸造核盾牌的功勋科学家。从 1964 年我国第一颗原子弹爆炸，到 1996 年我国进行的最后一次地下核试验，他参与了我国的全部 45 次核试验。

惊闻他去世的噩耗，我国“两弹一星”功勋科学家、94 岁高龄的程开甲院士扼腕痛惜，派家人专程送来亲笔题写的挽词：“一片赤诚忠心，核试贡献卓越。”

在他的遗体告别仪式上，人们用一副挽联为他送行：“铿锵一生，苦干惊天动地事；淡泊一世，甘做隐姓埋名人。”

于国舍命 人天共仰

身患绝症，他一次次放弃手术治疗，担心会影响工作；离开人世当天，他还九次要求起床工作。林俊德搞核试验，一辈子鲜为人知。他的突然离世，却像一颗“精神原子弹”，穿透了一个又一个人的心。

他住院一周，饱受病痛折磨，用顽强的意志对抗死神；同时，他的不听话、不配合又让医生、护士着急心疼。一次次拒绝医院的治疗方案，只为保持清醒，坚持工作。

从入院到他心跳停止的那一刻，医院的医护人员与他仅仅相处八天，目睹他走过生命最后的时光，大家哭成一片。

他们泣不成声地说：“您为理想和信念奋斗直到最后一口气，您是我最敬仰的病人！”“谁也劝不住您！整个腹腔全是肿瘤，竟然还要拼命工作……”“躺着是病人，站起来是战士！”

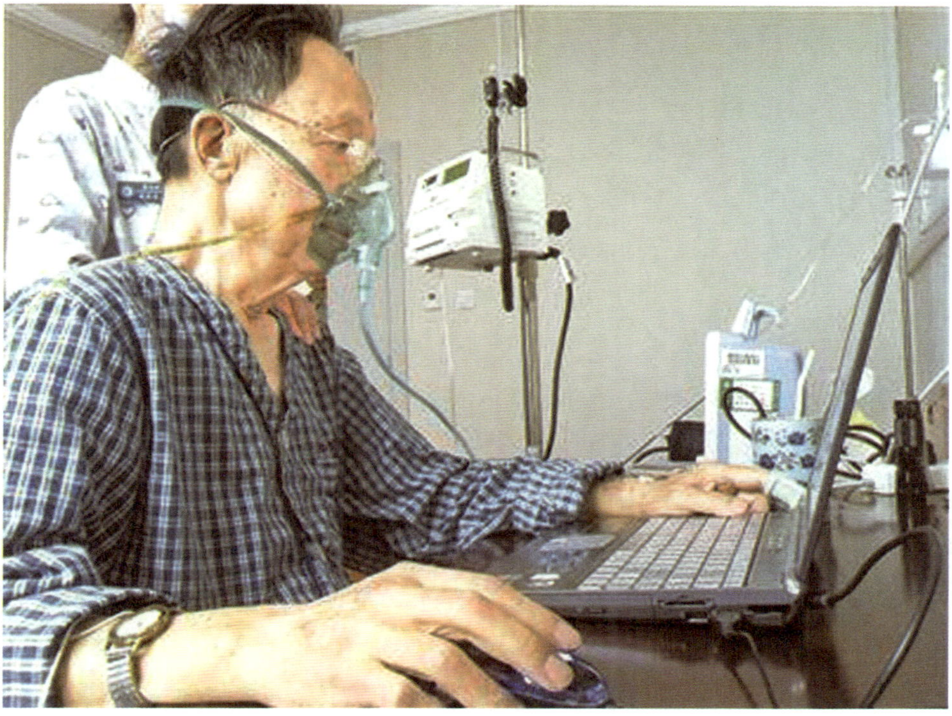

工作到最后一刻的林俊德

他去世的讣告一发出，网友的跟帖便蜂拥而至。网友们写了无数的诗词来追忆林俊德的辉煌人生，感叹他的精神魅力，品读这本厚重的人生大书。一位 75 岁老人的去世，为什么能如此感天动地？罗布泊“蘑菇云”的背后，有他几十年的付出。

在林俊德的档案中，有这样的记载：获得国家发明奖 2 项，国家科技进步奖 3 项，军队和部委级科技进步奖 27 项；获二等以上省部级科技进步奖 12 项；1987 年，光荣出席全军英模代表大会；1999 年出席“两弹一星”突出贡献科技专家表彰大会；2001 年当选中国工程院院士。

然而，比这“成绩单”更打动人的，是一份“林俊德院士住院记录”。

那是他生命最后八天的旅程。去世当天的部分，摘录如下：

07：44，林总要求起来工作，家属劝其多休息。

08：03，医生通知要换血，否则上午这一关难过，但家属遵照林总意愿，放弃。

09：26，林总突然说：我要工作。护士跟他商量，说一会儿让他工作，他点头答应。

09：30，林总再次要求工作，护士说等他身体好一点再工作。他说：“我等不了了，我要工作。”并反复要求。

09：40，林总又说：“我要工作。”并要求坐起来。

大家跟他商量坐在床上是否可以，林总反对，说要下来，坐到工作台上。

医生建议他不要下床，他坚决要下床坐在工作台上，说效率高。

在生命的最后一天，他似乎感到死神的脚步已经逼近，从 7 时 44 分到 9 时 54 分，他先后九次发出强烈请求，要求工作。

办公桌离病床只有几步，但对已经不能站立的林院士来说，哪怕挪动几厘米，都是艰难的征程。他颤抖的手已经握不住鼠标，视力也渐渐模糊。家人和医护人员眼眶湿润，心疼地请他休息一会儿。他一再摇头说：“不能休息，一躺下就起不来了。”

去世前的一周，林俊德争分夺秒，整理移交了一生积累的全部科研试验

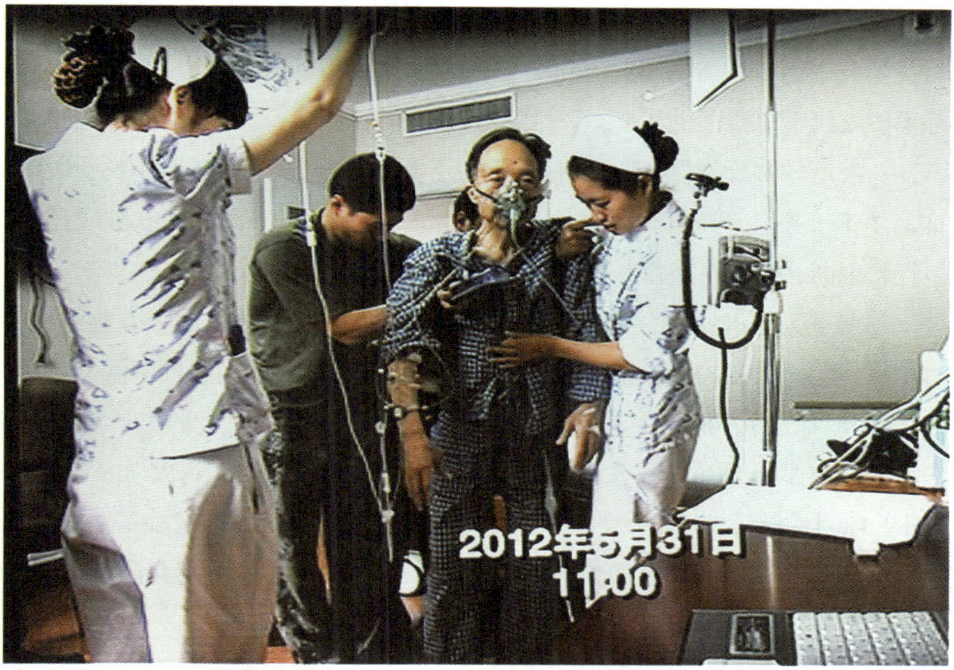

无论是戈壁荒原还是医院病房，林俊德用钢铁般的意志完成了一名国防科技战士最后的冲锋

技术资料。他去世后，还留下一本在病床上所做的工作笔记，被作为“核心机密”入档保存……

为了这些，他一次次放弃了延长生命的机会。

11 时 09 分，大家极力劝他躺回病床，他这才最后一次查看了电脑里的文件，鼠标反复点着电脑里的文件夹，大家都看得出来那是他对工作的恋恋不舍。

终于，他艰难地说：“好吧，谢谢！”他累了，躺下了，这一躺就再也没有起来。

扎根大漠　一生为国筑核盾

从原子弹到氢弹，从空爆到地爆，我国全部 45 次核试验，他都义无反顾地冲锋在第一线。

为了在第一时间拿到核试验的数据，林俊德在爆破后带领小组成员全副武装冲向爆心方向。戈壁滩的石滩像搓板一样，车颠簸得厉害，爆了一个胎，司机怕核辐射，戴着防毒面具下去修车。林俊德心里惦着尽快抢到数据，想都不想就跳下车给司机帮忙，全然顾不得核辐射的危险。

一次爆炸实验，林俊德让其他人全进了掩体，自己却选择近距离观看爆炸，谁都劝不下来。一声巨响，爆炸装置被炸开了，爆炸碎片将远处碗口粗的杨树拦腰削断，爆炸声还在耳边回响，林俊德却已冲了出去……

一辈子为祖国铸盾，他早已把自己的生命融入祖国的核试验事业中。面对生死，他心甘情愿这么去做，因为他有一颗感恩的心，和对祖国深深的热爱。

1938 年 3 月，他出生在福建永春大山深处的贫苦家庭，少年时期因家境贫寒一度辍学。是在党和政府的资助下，他才一路从中学念到大学。1960 年 9 月，他刚从浙江大学毕业，就成为了第一批被国家挑选到核试验基地的大学生之一。当得知自己将从事核试验时，他兴奋地说：“我一定会勤奋工作，把自己的一生献给祖国的核事业。”

这是一项与国家命运紧密相连的伟大事业。林俊德知道，自己报效党和人民的时候到了。

从走进罗布泊的第一天起，林俊德就把这里当成了家，在大漠深处扎下了根。

“中国效率”突破了西方核大国的封锁遏制

中国的核试验事业始终经受着“黑云压城”的特殊考验。在这场事关国家和民族核心利益的较量中，林俊德及其所在团队先后攻克了一系列科研试验难题，最终以惊人的“中国效率”成功突围。

1964 年 10 月 16 日 15 时，罗布泊一声春雷，蘑菇云腾空而起。林俊德研制的仪器，第一时间准确测得了核爆炸的冲击波参数。

起初在从事冲击波机测仪器研究时，测量仪器研制难度很大。林俊德毅然决定，研制适合当时国情的新型仪器。

利用自己曾学过的机械专业知识，他尝试用钟表机构作动力，研制出中国第一批测量核爆炸冲击波的钟表式压力自记仪。前期的化学爆炸测试顺利过关，拿到了第一颗原子弹爆炸试验的“通行证”。

用简单的方法解决复杂的问题，“罐头盒”一战成名。当天晚上，周恩来总理自豪地向全世界宣布：“我国第一颗原子弹爆炸成功。”

1967 年 6 月 17 日 8 时，我国第一颗氢弹爆炸成功，林俊德带领回收小组在爆心附近步行几十千米，圆满完成了核试验爆炸数据的采集任务，为我国首次氢弹试验飞机投弹安全论证提供了科学依据。

实验需要高空冲击波测量仪器能在 -50℃至 -60℃的低温下工作，驻地当时没有能做这种实验的低温箱。为了不延缓实验进度，林俊德把赶制出的仪器放到氢气球里，再将氢气球放飞到高空进行低温考核，每做一次放飞实验都要动员几十个人在数十千米的戈壁滩上把仪器找回来进行分析。

林院士的钟表式压力自记仪伴随着中国大气层核试验走过了它艰难而辉煌的历程。

1969 年冬，我国进行了首次地下核试验。林俊德把目光转向研究发展核试验核查技术，全面收集分析全球地震数据，开展了核试验地震、余震探测及其传播规律研究。林俊德和战友们背水一战，一路披荆斩棘，先后建立了十余种测量系统，为我国地下核试验安全论证和工程设计提供了宝贵数据。

1996 年 7 月 29 日，我国成功进行了最后一次地下核试验，就在这一天，我国政府向世界庄严宣告：从 1996 年 7 月 30 日起，中国暂停核试验。

工作中的林俊德

林俊德走了，他为我们留下了一座赤诚报国的精神丰碑。

林俊德没走，他的精神永远地留在了马兰核试验基地，感染着每一个人。

弥留之际，他念

念不忘的仍是马兰，叮嘱老伴：“把我埋在马兰！”

故人已去，草木犹在。他一辈子牢记党和人民的重托，鞠躬尽瘁，死而后已；他始终保持质朴的本色，求真求实、不图名利，为人师表、甘为人梯，展现出科学大家的风范，树立了一座光照千秋的精神丰碑。

朱热西·巴格达提：大山的女儿 草原的医生

朱热西·巴格达提

我没有多么宏伟的目标，我就想在卫生事业中贡献自己全部的力量乃至生命，把自己最美丽的青春融入这壮丽的大山和辽阔的草原，像一株青松一样，深深扎根于天山深处！

“你是天山的雪莲，草原的飞鹰，你是大山的女儿。你用金子般的心，为牧民带来吉祥和安康……”这是一首由牧民自发创作的歌，歌中唱着的人正是我们今天的主人公朱热西。

第十三届“新疆青年五四奖章”获得者朱热西·巴格达提是个哈萨克族姑娘。1978 年 4 月，朱热西出生在一户普普通通的牧民家庭，不幸的是她从小就患上了髋关节脱臼，由于家乡地处偏僻，医疗水平低下，得不到及时治疗的朱热西落下了终身残疾。“从那时候起我就想好了，长大了一定要成为一名医生，造福家乡百姓，不能再让我身上的悲剧重演！”朱热西暗下决心。

功夫不负有心人，1997 年朱热西考上了乌鲁木齐市卫生学校，并在 2001 年以优异的成绩顺利毕业。她终于兑现了自己儿时的承诺，成为乌鲁木齐市东南沟村卫生室的一名基层乡村医生。

不怕艰苦，只为乡亲们能看上病

东南沟村的常住居民约有 800 人，都是哈萨克族牧民。他们居住分散，祖祖辈辈从事畜牧业，卫生健康意识非常淡薄，缺医少药的状况常常发生，特别需要稳定的医疗卫生服务。当地的卫生室地处海拔 3000 米以上的群山深壑之中，地形险峻，出入极其不便。每每到了冬天，还会因为大雪导致封山。面积不足 20 平方米的卫生室没有自来水，没有电，没有通讯设施，日常所需的所有生活用品和医疗用品都要从山下往山上带。若是遇到雨雪或是暴风天气，车辆就无法通行，这时就要肩扛手提，徒步跋涉。

尽管条件如此艰苦，朱热西却从未喊苦叫累。组织上心疼朱热西，问她有没有什么要求，她坚定地回答：“我既是一名医生，也是一个普通的哈萨克族姑娘，比起其他人我更能适应这里艰苦的生活，我要为这里的父老乡亲解除病痛！”她不光是这样说的，更是这样做的。在她的不断努力下，东南沟村的医疗条件得到了很大的改善。

朱热西·巴格达提在南山林场出诊的山路上

“在卫生事业中贡献自己全部的力量乃至生命”

2010 年古尔邦节假期的第一天清晨，朱热西还在熟睡中，就被一个牧民急匆匆的敲门声惊醒了，说家中一岁多的小孩发烧三天不退，情况比较危急。她在仔细询问过病人的体征情况后，准备好所需药品立即动身，步行 10 千米的崎岖山路来到牧民家中。当时小孩已经奄奄一息，亲戚们都急得像热锅上的蚂蚁。经过朱热西的细心诊断和医治，孩子终于脱离了危险。临走时，一个老奶奶说她背上长了东西，疼很久了。朱热西检查出是带状疱疹，治疗需要输液一周，就对老奶奶说：“这几天虽然是假期，但还有许多病人等着我，你就在家里等我，我每天一定抽出时间来给你打针。”

朱热西就是这样日复一日地为乡亲们行医治病，不管路途多么艰险，不分上班还是下班，都在拼命工作。当有人质疑她这么辛苦是否值得时，她说：“我没有多么宏伟的目标，我就想在卫生事业中贡献自己全部的力量乃至生命，把自己最美丽的青春融入这壮丽的大山和辽阔的草原，像一株青松一样，深深扎根于天山深处！”

用实际行动诠释“为人民服务”

2012年，朱热西与当地的一名哈萨克族青年结婚了，婚后她就把自己的小家安置在了村卫生室的旁边。8月的一天，怀孕不到两个月的朱热西正在家里休息，突然村上古丽的丈夫急匆匆地来找朱热西，说古丽要生了。朱热西知道古丽距离预产期还有三个月，如果早产会很危险。她二话没说，拿起药箱就要出发。朱热西的丈夫着急地说：“你还怀着孩子呢！去古丽家要走的可是山路，多危险啊！”朱热西救人心切，朝丈夫摆摆手便骑着马出发了。经过近两个小时的颠簸，他们才到达古丽家，没有时间休息，朱热西便马上开始接生。经过半天的努力，孩子顺利降生，母子平安，而朱热西累得浑身是汗。但正是由于这次出诊劳累过度，朱热西痛失了自己的第一个孩子，这让丈夫既心疼又生气。朱热西忍着痛反过来安慰丈夫：“没关系，我们还年轻，孩子还会有的！”朱热西用实际行动诠释了“为人民服务”的真正内涵。

如今朱热西当妈妈了，更能体会到为人母的不易。刚出月子，她就撑着

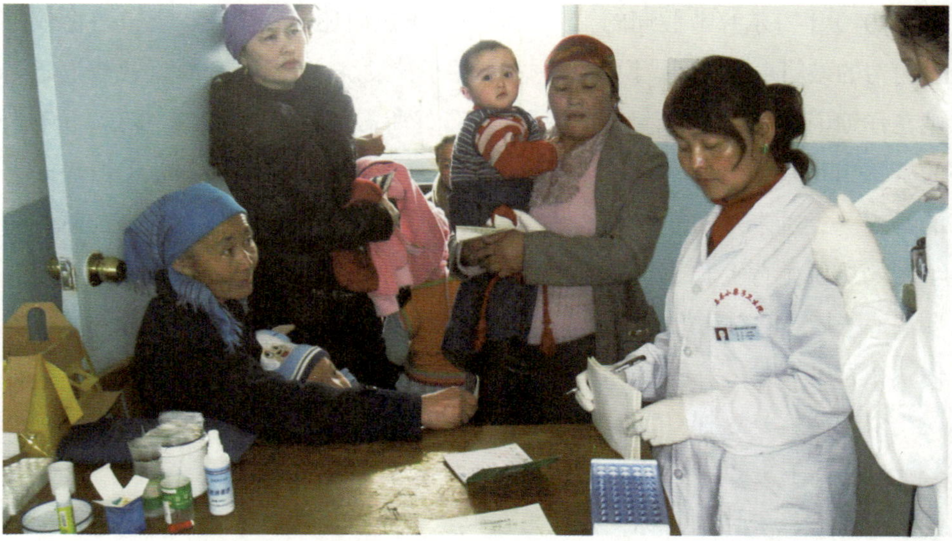

朱热西为牧民进行健康体检

虚弱的身体开始在家里为乡亲们看病。别人都劝她等休完产假再上班，朱热西却说："我是大山的女儿、草原的医生，这里的乡亲就是我的家人，他们需要我，我更离不开他们！"

老百姓的好医生，老百姓的贴心人

2013 年的春天，东南沟村仍是白雪皑皑，住在山顶的戛达西不慎在家中摔倒，家人连忙下山找到了朱热西。她得知情况后没有丝毫迟疑，背起药箱就向白茫茫的雪山出发。险峻的山路对于一个四肢健全的人来说都是十分困难的，更何况腿有残疾的朱热西。尽管天寒地冻，朱热西还是走得满头大汗。虽然好几次从山坡上滑了下来，弄得脸上、手上都是伤口，但她默默告诉自己"坚持住，病人在等着我！"经过两个小时的"爬行"，她终于到达了目的地，经过她的细心治疗，戛达西慢慢恢复了意识，为巩固治疗，朱热西在接下来的十天里，每天都艰难地走两小时的山路为戛达西打针。戛达西康复那天，他的家人拉着朱热西的手心疼又感激地说："姑娘，你是我们老百姓的好医生，你是我们的贴心人啊！"

朱热西平时走平路都有困难，却能在工作中爬坡蹚河、翻山越岭、骑马

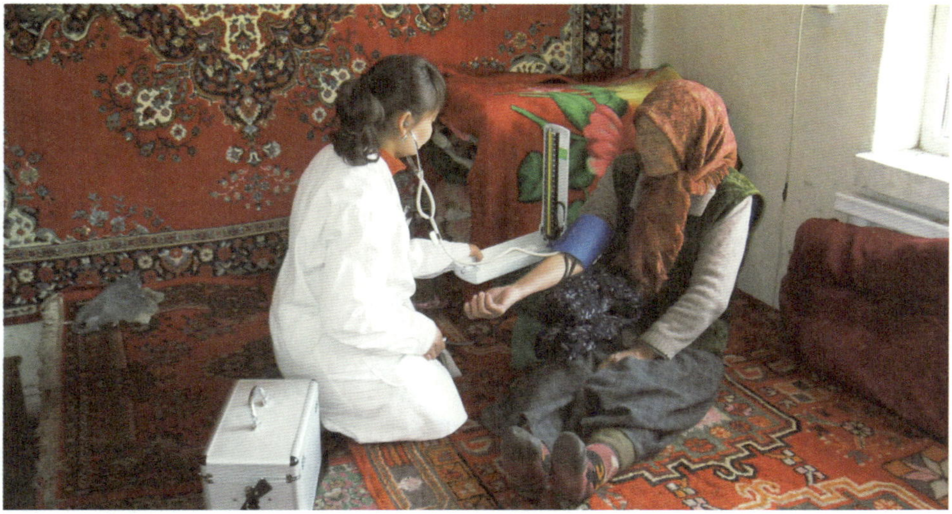

朱热西前往萨尔达坂乡东南沟村牧民家中巡诊

入户，这是一种怎样的精神？这种精神源自于她对工作的无比忠诚，源自于她对父老乡亲的一往情深。“只要群众方便，我辛苦点算什么。何况牧民这么信任我，都把我当亲人看待，牧民中有婚庆宴请，总有人邀请我，平时不管哪一家做好吃的总是忘不了我，年轻人把我当姐妹，中老年人把我当闺女。我感觉到他们离不开我，我更离不开他们，我给他们提供服务，他们给我信心和力量，我学到的东西都能发挥出来，我觉得生活很充实。”这就是草原的女儿朱热西·巴格达提！一位用行动践行神圣使命的白衣战士。

曹永祺：西部梦想将爱传递

曹永祺

我只是千千万万个志愿者中一个普通的志愿者，我会继续用自己的力量为阿合奇的孩子们带来改变。

当同心中学国旗班队员们第一次穿上军装，手举鲜艳的五星红旗，迈着整齐的步伐出现在升旗仪式上的时候，全校师生投来惊讶的目光，送上了热烈的掌声。曹永祺，用一个多月的时间，放弃午休与晚饭时间组建了阿合奇县唯一一所中学的国旗班。

2012 年 6 月，曹永祺从江西赣南师范学院毕业后，报名参加大学生志愿服务西部计划，来到新疆阿合奇县开展志愿服务。克州阿合奇县是新疆最贫困的县城之一，位于帕米尔高原山脚下。这里地处高寒山区，常年长冬无夏，春秋相连，冬季更是寒冷干燥。总人口 4.3 万余人，人均年收入只有 3400 元，属于国家级贫困县。

曹永祺是甘肃通渭县人，自小生活在农村的他走进阿合奇县时，心灵受到了强烈的震撼。他说："利用业余时间，我去了当地的农村，看到孩子们因寒冷皴裂的小脸蛋，了解到许多孩子因为家庭贫困没衣穿、上不起学的时

同心中学举行升国旗仪式

候，就坚定了要留下来为孩子们做点什么的决心。”他通过各种渠道为山区的孩子募集了 2300 套温暖包、2141 套新衣、1113 双全新爱心鞋、144 件棉衣、13000 个毛绒玩具、1500 件衣物、500 顶帽子、30 条爱心棉被、2700 套学习包、6674 本各类学习字典、九所学校所需的体育用品、两个图书室以及其他各类爱心物资。

感谢：孩子的不舍更坚定了我的初心

2012 年 9 月 14 日，曹永祺第一次由老志愿者带领着来到了阿合奇县福利院，眼前的五十几个孩子，年龄大小不一。长期生活在新疆偏远山区，孩子们见到陌生人表现得很拘束，有些害羞。

第一次的见面匆匆结束了，曹永祺心里有些难过。与内地的孩子们相比，他们缺少了很多，也失去了很多（绝大多数孩子来自单亲家庭或者是孤儿）。他们没有见过大都市，没有优越的学习条件，甚至没有几件玩具。

一开始孩子们不大理睬曹永祺，他想通过给孩子们辅导功课拉近距离。但这些小家伙的年级并不一样，学习情况也不相同。

为了得到孩子们的认可，尽快走进他们的生活，每天晚上，曹永祺都会出现在福利院，给不同年级的小朋友辅导功课，教他们学唱校园歌曲。从第一首《兰花草》，到现在孩子们已经可以唱十几首了。

每当晚上做完作业，福利院会准时响起小朋友们的歌声。

曹永祺的到来为福利院增添了许多欢笑，孩子们感受到了他带来的快乐，慢慢地接受了他。他也感到非常欣慰。

现在，每次曹永祺走进福利院，孩子们都会跑到门口迎接。离开的时候，他们也会一直送到门口，跟他说“再见”，嘱咐他第二天再来。

曹永祺说：“看到福利院小朋友对我的信任与喜欢，看到他们从刚开始特别腼腆，不敢接触陌生人，到后来的开朗阳光，喜欢每天晚上唱歌，总觉得一切的辛苦都是值得的。”

福利院里的小朋友年龄很小，但要自己洗衣服。2012 年冬天，曹永祺经常把他们的脏衣服、床单装到一个大包里，拿到自己的宿舍洗。国旗班训练

曹永祺和福利院小朋友在一起

刚开始的一段时间，每天下班后曹永祺要先去同心中学国旗班训练一个小时，然后去福利院陪小朋友学习，回到宿舍再洗小朋友的衣服，干完这些差不多要到凌晨一两点。躺在床上，虽然觉得很累，但他心里想的是：“我还能为他们做什么呢？”

三年时间过去了，曹永祺也结束了志愿服务，离开的时候，孩子们拉着他的手不放。

孩子们有书看了，可他们手里写字的铅笔已无法再短，拍打的篮球也已破旧不堪，在寒冷的冬天里依然穿着单薄的棉衣……在开始新工作的同时，曹永祺依然没有放弃用自己的力量帮助这些孩子。他说：“我只是千千万万个志愿者中一个普通的志愿者，我会继续用自己的力量为阿合奇的孩子们带来改变。”

感恩：海豚公益图书　真正为孩子做些实事

要想真正地帮助到孩子们，就要知道他们最需要什么，缺少什么。曹永祺利用工作之外的时间去走访当地的山区学校，了解学生们的学习和生活情况。

经过多次走访，曹永祺了解到学校图书馆资源短缺，所藏书籍都比较陈旧，不能满足学生们的日常阅读。

曹永祺想通过互联网、新媒体的方式为学校联系爱心图书。经过不断的努力，色帕巴依乡中心小学申请的海豚公益图书室得到了中华支教与助学信息中心的公益支持。从 2013 年 5 月开始，图书室就陆陆续续收到来自全国各地爱心人士邮寄来的全新图书。

截至 2015 年 8 月，图书室已有藏书近 4000 册。海豚公益图书室的成立，不仅解决了学校图书资源短缺的问题，还为全校师生开展课外阅读提供了便

曹永祺（左一）在阿合奇县色帕巴依乡中心小学举行的新疆首个海豚公益图书室启动仪式上

利，进一步提升了孩子们的阅读能力与写作水平。

为了完善图书室的设备，2014年曹永祺牵线喀什德瑞酒店管理有限公司，为图书室更换了全新的书架，更好地优化了学校图书室的使用。

看着孩子们快乐地阅读，在知识的海洋里汲取养分，曹永祺深深地感到自己距离梦想又进了一步。曹永祺说："来新疆志愿服务的每一天都那么充实，这里的每一天都让我有不同的收获与感触。它们或许不能被一一记录，却早已深深融入了我的生活，成为我人生灿烂辉煌的一笔，让我一生回味无穷。"

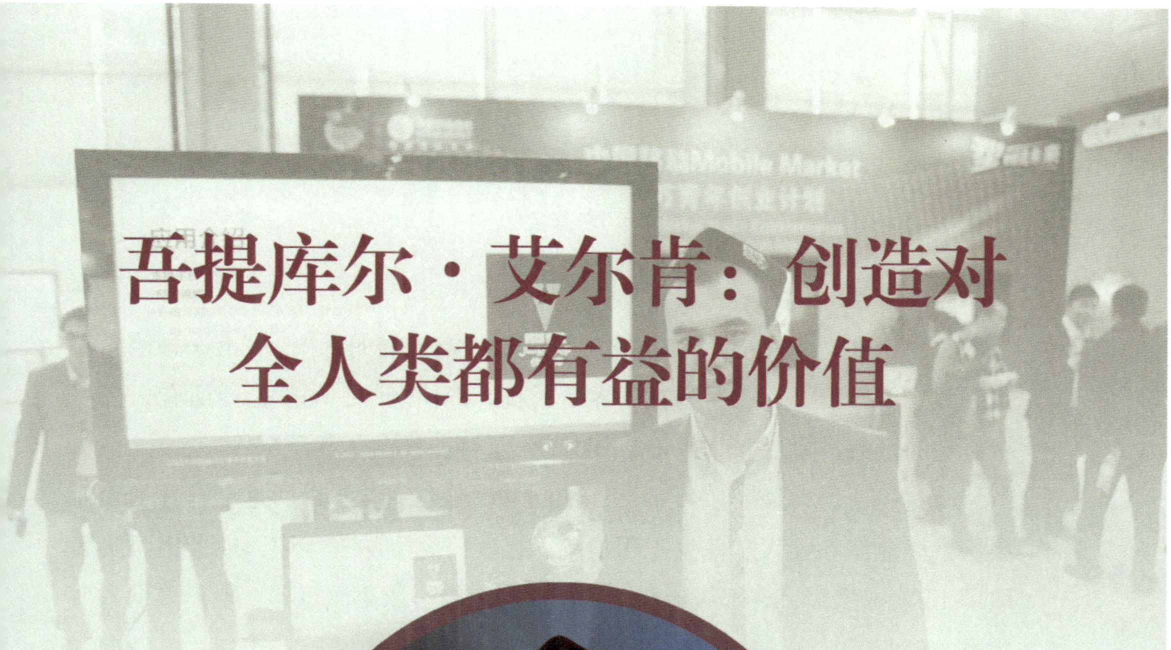

吾提库尔·艾尔肯：创造对全人类都有益的价值

吾提库尔·艾尔肯

创业是一个认识自我、改变自我的过程，也是带领一个团队，让自己和别人一起实现心中梦想的过程。

“我相信这个软件一定会成功，一定会引起人们的重视。我有一种信念，很顽强、很坚定，不太容易被外界所干扰。即使老师、同学甚至所有人都不看好它的价值，即使全世界只有我一个人了解，我也永不言弃。”

说这段话的人是个“90后”，他叫吾提库尔·艾尔肯，是个维吾尔族帅小伙，毕业于新疆大学信息工程学院。在读研究生的三年中，他带领团队摘取了16项国家级、省部级比赛奖项，研发出维吾尔语浏览器。他，也是一个优秀的创业者。

神奇的白皮钢铁机器开启不解之缘

1990年，吾提库尔·艾尔肯出生在乌鲁木齐一个工薪家庭。他的爸爸是一名杂志社编辑，在他6岁的时候带回了一台可以“码字”的电脑。年幼的吾提库尔和所有顽皮好动的小男孩一样，对家里新来的白皮钢铁机器感到新奇不已。也许正是这样，注定了吾提库尔与计算机创业的不解之缘。

“1996年的时候，我第一次接触电脑这个东西。当时还是‘286’的DOS系统。我记得好像是北大方正的软件，可以输入维吾尔语。第一个接触到的游戏我也清楚地记得，叫prince（王子），是一个王子营救一个公主的游戏。那个时候没有网络版，也没有存盘一说，每次进入游戏都要重新打一遍。”吾提库尔滔滔不绝地回忆起当年的情景，言谈之中洋溢着对电脑的喜爱，“那时我就非常想知道这些神奇的东西究竟是怎么做出来的。”

而第一次使用网络的情景也在年幼的吾提库尔心中留下了不可磨灭的印记。1999年，吾提库尔的爸爸第一次带着吾提库尔去了网吧。虽然使用的是原始的拨号上网，速度非常缓慢，但是网吧里工作人员正式的黑色工作服，专人提醒时间的工作方式都让吾提库尔大开眼界。

“那时上网一个小时15块钱，算是比较奢侈。每一台电脑旁边都围着四五个人在看。大家都对上网非常好奇，但是大家都不知道怎么上网。我的

吾提库尔和自己的作品合影

爸爸就打开电脑，帮我搜索我一直很喜欢的凡·高，一下子就搜索出来四五张照片。虽然并不是很多，但是我想既然能搜出几张图片，那所有的东西都能找到。”年仅 9 岁的吾提库尔的心中已经燃起星星之火，只等待成熟的机遇得以燎原。

经历挫折之后感恩淘到的第一桶金

也许正是初见电脑时的那一份好奇与心动，让年幼的吾提库尔开始了“创业”之路。10 岁时，他就第一次制作并发布了“维吾尔少年”网站，想做一本给少年儿童量身打造的电子故事书。当然，那时的创业对于吾提库尔来说更多的是一种体验。而真正的创业，开始于 2010 年他带领 20 多个同班同学创办的火星民文信息处理工作室。

然而，繁琐的留言审核机制、复杂的团队管理模式让第一次带领团队的吾提库尔遭到了不小的阻力。不断投入的人力物力、难以掌握的思想偏差，

让吾提库尔的第一次创业以失败告终。

残酷的失败让吾提库尔陷入深思："我觉得自己犯了错，创业应该先了解社会、了解世界，再着手带领一个自己的团队。"大二的寒假，吾提库尔来到一所培训学校当起了电脑教师，想在实际行动上"走出校园"。

"最初上课也遇到了很多困难，一方面是不知道如何掌控上课的时间，另一方面是不知道如何解答学生们的问题。很多知识，我自己也许懂了100分，但是我得用30分的东西给学生讲30分，如果我用40分的东西给学生讲30分，学生就可能听不懂。"焦急、烦躁也曾困扰着吾提库尔，但开朗乐观的他开始加倍努力来弥补自己经验的不足。

"那段时间我问了很多老师，在网上看了很多教学视频，也借鉴了很多别人的上课纲要，一点一滴地摸索和积累，慢慢掌握了上课的方法和节奏。学生们学得越来越轻松，反馈也越来越好。后来，那个培训机构的老师们差不多都认识我了，知道我讲课好。"扎实的功底、认真的态度、良好的口碑也给吾提库尔带来了新的机遇。培训学校的一个老师把吾提库尔的努力看在眼里，非常欣赏和信任这个踏实的年轻人。碰巧此时，这位老师有一个项目需要找一个合适的人来做，他马上就想到了吾提库尔。

"那是给一家企业做管理系统，价格3000元。虽然钱不多，却是我淘到的第一桶金。"吾提库尔回忆起这段经历，充满了感激。正是在培训学校的几个月，给了他更开阔的眼界，给了他一个跟专业紧密相关的社交圈，让他第一次接触公司化的运作，第一次卖出自己开发的软件，第一次清晰地勾画出创业梦想。

"我想创造出对全人类都有益的价值"

重新开始的吾提库尔与同样想创业的同学夏依马尔旦一拍即合，他们与曾经的火星民文信息处理工作室留下的五位同学一起，成立了优件师软件科技有限公司。最初的发展思路并不是后来让吾提库尔一鸣惊人的"维吾尔语浏览器"，而是IBM智慧地球项目。正当吾提库尔和同学们准备从"智慧餐厅"入手时，一个基础性的难题摆在了他们面前。

吾提库尔在 2012 年中国移动全球开发者大会的新闻发布会上

“电脑上能够正常显示的维吾尔语网站，一到手机的安卓系统上，就全部成了乱码。怎么能在手机、平板等移动设备上处理信息呢？我开始尝试自己设计程序解决这个难题，居然成功了！” 吾提库尔难以抑制内心的喜悦，当即拨通老师的电话，却被老师敷衍的回答泼了一盆冷水。“那时，只有我一个人知道，这个浏览器的价值有多么重要。”吾提库尔说。

辛劳付出的春日总会迎来硕果累累的秋天。2012 年，在共青团中央和中国移动共同举办的全国第三届“MM 百万青年创业三年总评大典”中，吾提库尔从 171 万名移动开发者中脱颖而出，获得了“MM 百万青年创业计划十大风云开发者”第一名的好成绩。随后，各种荣誉纷至沓来，吾提库尔个人荣获 2012 年度“中国大学生年度人物”，他和他的团队也陆续摘取了 16 项国家级、省部级比赛奖项，而他所创办的公司也发展得越来越顺畅。

回首过去三年多的创业历程，除了吃饭、睡觉， 吾提库尔几乎是一心扑在学习、工作中，没有周末，也没有节假日。“我常常工作到凌晨 5 点，第二天还要准时上课。”这中间吃过的苦，只有吾提库尔自己才知道。

“创业是一个认识自我、改变自我的过程，也是带领一个团队，让自己和别人一起实现心中梦想的过程。我想创造的，不是服务于某一个地区，而是服务于整个人类。我希望自己有一天能创造出对全人类都有益的价值，去解决全人类都遇到的问题。我觉得，这才是真正的创业者应该干的事情。”吾提库尔的创业之路还在继续。

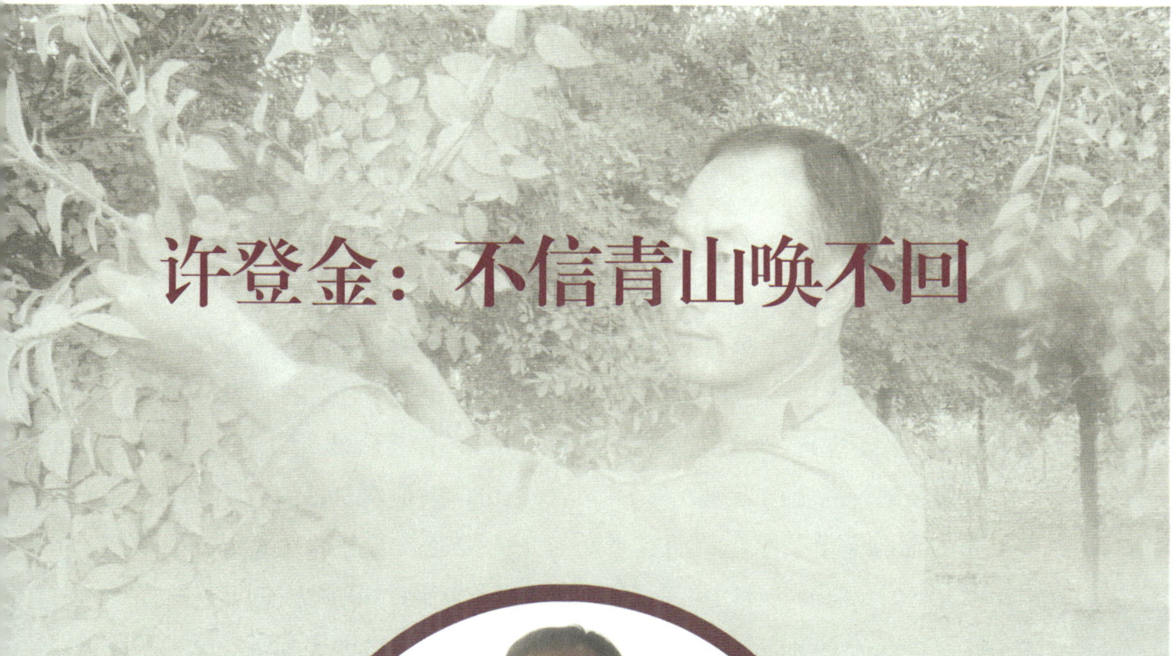

许登金：不信青山唤不回

许登金

观念改变人生，奋斗成就人生。

16年前，许登金放弃了上军校的机会，也放弃了舅舅托关系给找好的工作，只为追寻心中绿化荒山的梦想，义无反顾地走上了村边的北阳山。16年间，面对家人的不理解、乡亲们的质疑，他三出家门，历经磨难，矢志不渝。

如今的许登金被当地人称为“当代愚公”。他用自己的双手，不仅让光秃秃的荒山染上了绿色，而且带动家乡的父老，走上了共同致富的道路。2012年5月，他被共青团中央、全国青联授予第十六届“中国青年五四奖章”。

为了守护心中的梦想，他还在无悔追寻，用自己的实际行动谱写了一曲青春无悔的奋斗乐章。

出身贫寒，16岁参军报国

1979年10月，许登金出生在新疆维吾尔自治区石河子市石河子乡努尔巴克村一个贫困的农民家庭。家里兄弟姐妹四个，他是老小。母亲除了要白天忙农活外，晚上还要走家串户为邻里乡亲缝补衣服以补贴家用。“那个时候家里很穷，虽然父母每天都为了生计奔波忙碌，但是收入仍然十分微薄，家里这么多口人，我们的生活过得很艰苦，吃不饱饭是常有的事。”在许登金的记忆里，直到16岁当兵离开家，他都没有穿过一件新衣服。

许登金去当兵实属无奈，但能够入伍又是他的幸运，这段经历成为他人生最宝贵的财富。入伍后的许登金，被分到中国酒泉卫星发射基地执行后勤保障任务。酒泉卫星发射基地坐落在内蒙古境内的大戈壁上，那里，夏天烈日炎炎，冬季寒风刺骨，狂沙更是常客，气候条件十分恶劣。虽然许登金是年龄最小的战士，但他对自己要求非常严格，政治上、思想上、训练上样样争先，而且还当上了班长。战士们来自五湖四海，要做好与战友之间的沟通，使大家心往一处想、劲往一处使，需要付出很多努力，还需要正确的方式方法，许登金说：“压力很大，但这也是我工作的动力。”当兵的三年间，他不仅要照顾战友，还要领导全班的工作，这让他历练了很多，也成长了很多。

许登金在田间作业

执着追求，三出家门终不悔

1999 年，许登金退伍回乡，他本可以和村子里的其他年轻人一样，白天到附近的工厂上班，晚上打牌喝酒，但这不是他想要的生活。那段时间许登金有些迷失，他时常爬到村边的北阳山上，一坐就是一整天。

他看到北阳山变了，以前那里是水草丰美的天然草场，可就在他参军入伍的几年时间里，由于过度放牧，乱砍滥伐，北阳山慢慢变成了一座荒山。绿色成了遥远的回忆，许登金像是一个失去了游乐场的孩子，心痛不已。

有一天他猛然清醒过来，这不正是他一直苦苦思索的“大事业”吗？何不把眼前的荒山染绿？主意已定，脑海里渐渐有了蓝图，他在心底暗暗立下誓言。

当许登金两眼放光，一字一顿地从嘴里挤出“我要上北阳山种树”几个字时，全家人都惊呆了，他清晰地记得父亲当时睁圆了双眼，旋即又皱眉、摇头，末了再加一句“真是疯了！”在很多人看来，把荒山变绿，这是根本无法实现的白日梦。

然而下定了决心的许登金第二天就扛着锄头上了北阳山。凭着一腔热情，他在两个月内种下了 5000 多棵树。可好景不长，在夏日骄阳的炙烤下，早晨种的树苗中午就打了蔫。因为山上没有水源，无法及时浇灌，没过多久，栽下的树苗全死了，四处借来的几千块钱也打了水漂。

许登金家里炸开了锅，各种风言风语也在村子里传开来，但他我行我素，准备收拾行装，再次上山大干一场。然而，这一举动引来了更大的“家庭地震”，正在气头上的许登金父母听说儿子还要上山，和他大吵了一架，“你去，去了就别回来！”倔强的许登金头也不回，这一走就是大半年。

这已经是许登金为实现上山种树的愿望第二次被“赶出”家门。他像个孩子一样，心里堵着口气，“我要走得远些，到外面闯闯，看看父母到底想不想我。”

1999 年下半年，许登金从新疆出发一路东行，郑州、洛阳、开封、西安、宝鸡、广元、成都、重庆、昆明、太原、呼和浩特、兰州等地都留下了他流浪的足迹。每到一个新的城市，许登金都要为生计发愁。“没有钱，下一步怎么办？在哪吃饭，去哪过夜？”当许登金茫然地走在空旷的大街上，他的内心产生出一种极度的恐惧。“人生地不熟，没有办法，必须向前走。”许登金回忆说，为了生存，他经常干又脏又累的活，只求一口饭吃。而他也越来越多地感觉到：“生活非常现实，心里即使装着伟大的理想，也必须脚踏实地一点点来。”

在外流浪的日子越来越艰难，他已经花光了身上所有的钱。1999年的冬天，流浪在外的许登金回到了他曾经战斗过的地方——甘肃酒泉，面对这个既熟悉又陌生的城市，许登金陷入了绝望。冬天的酒泉天气寒冷，路上几乎看不见人，更别说找工作了。许登金游走在大街上，四处寻找能挣到一口饭吃的机会。

夜幕一点点降临，许登金的体力也快透支到极限。他咬着牙走着，突然发现不远的亮光处有蒸汽冒出。他走到近前，发现那是一个锅炉房。他实在是走不动了，就靠着锅炉房的墙壁坐了下来。好在墙壁是有温度的，缝隙间也能透出一丝丝暖气。西北边陲的冬夜，许登金蜷缩在墙角下，第一次感受到了死亡的威胁。

在那个黑暗寒冷的夜里，许登金百感交集，思绪万千。茫然，孤单，生命的渺小，世事的苍凉，这些年来的一幕幕浮现在许登金的眼前。他回忆着自己的成长，回想着自己的选择，回顾着自己所做的一切……那一夜，是许登金度过的最长的一夜。

终于，东方的天际泛起了鱼肚白，阳光照射在许登金写满疲惫的脸上。虽然寒冷依旧，饥渴难耐，但他仿佛看到了希望。他打起精神，继续努力在这个西北边陲的小城市里找一份工作，哪怕是一个临时工都可以。

终于，许登金在路边的批发部前发现了一辆需要卸货的货柜车，车上堆满了成箱的饮料。他走进批发部，询问老板是否需要帮忙卸货，并以20元的报酬和老板谈妥了卸下满满一车饮料的“生意”。许登金拼了命似的从车上往下搬饮料，但没多久，一天多没吃饭的许登金蔫了。他大口大口地喘着气，后背、额头直冒虚汗。许登金后来回忆，“那时我虚弱的连牙齿都松动了，全身一点力气都没有，抱着饮料箱双腿发颤，头发晕，感觉天旋地转。”他咬着牙坚持着，空旷的公路边一个瘦弱的身影在大货车上下晃悠悠地穿梭。

也不知过了多久，许登金终于把最后一箱饮料从货车上卸了下来。他瘫坐在路边，大口大口地喘着粗气。从批发部老板手中接过挣来的 20 元钱时，许登金的眼眶湿润了。“要不是出门时随身带的路遥的小说《平凡的世界》里主人公坚定的信念支撑着我，我走不到现在。”许登金这么总结那时的经历。

每当回想起这次流浪的记忆，许登金的泪水就会抑制不住地从眼中流出。那是他第二次为了上山种树和家人争执后离家出走，而这样的出走他前前后后一共有三次。“付出了那么多，吃了那么多的苦，父母还不理解，不支持我，当时我真的很绝望。”许登金说，“经历得越多，我越坚定，我一定要把绿化荒山的梦完成。”

与荒山为伴，找回记忆里的满山葱茏

许登金返回了家乡，在周围的一片反对声中，于 2000 年 3 月再次背起行囊上了山。这一回，他总结了第一次种树失败的经验，决定改变种植树木的品种。从耐旱的白蜡、沙枣，到落地生根的榆树，许登金不断进行着尝试。

除了选择合适的品种，荒山种树最难解决的问题还是水源。为了给树苗浇水，许登金找来了大油桶，每天清晨都要去两千米外把油桶灌满水，再把它咕隆隆地滚回北阳山下，每一趟都要将近两个小时，有时一天就要三四趟。

日复一日，许登金双手上的老茧磨掉一层又长出一层，为了树苗能及时“喝”上水，人们经常能看到许登金在烈日下挥汗如雨滚油桶的身影。

然而，绿化荒山的梦想并没有因为许登金如此辛勤劳作而实现，从 2000 年至 2007 年，许登金在北阳山上种下了将近 10 万棵树，但成活率不到十分之一。面对自己费尽心血种下的“生命”一棵棵死去，许登金的心在流血。

这 7 年间，许登金住在不通水、没有电的地窝子里，在大山里过着与世隔绝的生活。所有的人力物力都耗费在了种树上，只出不进的许登金，连吃饭都成了问题。看着地窝子里的最后一把挂面，许登金陷入了沉思。“我还是没找对方法，荒山绿化，我想得太简单了。”看着远处石河子的点点灯光，许登金决定走下北阳山，去石河子市打工。

在北阳山上坚守了 7 年的许登金下山了，家人都以为他终于迷途知返。

许登金在北阳山

但让他们想不到的是，许登金不但没有要收手的意思，反而更加执着。在山上的沉思，让许登金明白，种树不能蛮干，必须要走节水灌溉、科学种植的道路。他这次下山是为了去市里学习节水灌溉技术，更好地为荒山变绿做准备。不久许登金就重返北阳山，这次他不仅带回了技术，而且带回了救命的水、电和资金。

许登金的执着终于得到了回报。他立志把荒山变绿的故事渐渐传开了，在当地团委的帮助下，许登金在北阳山上打了一口 200 米深的水井，电力局也将电线拉到了北阳山上。“我以前眼睛只盯在种树上，没想到要搞种植养殖互利互补的生态林业，这就叫‘只见树木不见森林’。”许登金笑着说，“现在我有了技术，有了这么多好心人的帮助，我一定会成功的。”

2007 年，许登金的荒山绿化事业驶入了快车道。通了电，有了水，加上运用科学的种植方法，许登金种树的成活率一下子提升至 80%。看着渐渐葱茏起来的北阳山，许登金的脸上露出了幸福的笑容。

许登金在修剪树枝

从 1999 年到 2012 年，许登金把 13 年的青春奉献在了北阳山上。很多从前说许登金是疯子、傻子的乡亲们，如今也对他投来了钦佩的目光。有人问他，用 13 年的青春去做一件别人觉得没有希望的事情是“为了啥？”——“为了证明自己！”许登金从来没有半点含糊，他一直很清楚自己要走的路。

如今，许登金的荒山绿化事业一年上一个台阶，种下的苹果树、山楂树、桃树等经济林木开始产生效益，他在林带里搞立体养殖，两万多只鸡也给他带来了丰厚的回报。更让许登金感动的是，在他的带动下，村子里的年轻人慢慢改掉了过去砍树盖房的旧习惯，不仅在承包土地的田间地头大量种树，还在农闲时主动上山帮忙，和他一起在山上种下更多的树。北阳山的生态环境得到了根本性的改变，曾经的荒山重新焕发出了勃勃生机。许登金常说：“观念改变人生，奋斗成就人生。”他用无悔的青春演绎着荒山之变，他还将带领更多的人走上绿化荒山、生态致富的道路，用自己的行动续写“当代愚公”的传奇。

冯卓怡：情系西部“疆爱”进行到底

冯卓怡

我不想活成庸庸碌碌的大多数。我想找一个有意义的工作，实现自己的人生价值。

2011 年，作为广东省首批大学生志愿服务西部计划志愿者之一，广东姑娘冯卓怡放弃保研，不远千里来到新疆喀什，成为一名西部计划志愿者，从此与新疆结下不解之缘。

她深深地热爱着新疆这片土地，不但自己融入了新疆，成为了一个真正的“新疆人”，还积极通过自己的见闻向其他人宣传正能量，介绍新疆、维护新疆。

2013 年，志愿服务期结束时，冯卓怡依然选择留在新疆，并且她在新疆找了工作，安了家，结识了很多维吾尔族朋友。

2014 年，乌鲁木齐“5・22”严重暴力恐怖案件发生后，冯卓怡在网络上发表了一篇题为《请不要将新疆恐怖化》的长文，并表达了重返南疆工作、生活的意愿，引起舆论强烈反响及社会广泛关注。

到新疆：这个姑娘傻不傻

2011 年，大学刚毕业的冯卓怡放弃了不错的工作机会和保送研究生的名额，积极响应国家号召，参加团中央大学生志愿服务西部计划，并坚持选择新疆作为自己的服务地。

“一个堂堂重点大学本科毕业生找好的工作不干，居然跑到那么山高水远的地方去？脑子进水了吧？”很多人这么说。

不少亲朋好友对她的选择十分不解。他们总问：“你为什么要离开父母，到那么远的地方去？”

“我不想活成庸庸碌碌的大多数。我想找一个有意义的工作，实现自己的人生价值。”冯卓怡说。

听从自己的内心，背负行囊，向西前进。

当大众嘲笑她的梦想或是对她的“理想主义”嗤之以鼻的时候，冯卓怡反而对她的西部之行深感荣幸。

冯卓怡（二排右一）和队友们到疏附县郊游时合影

做足了吃苦的打算，历时近一周，冯卓怡和小伙伴们辗转从广州经郑州、乌鲁木齐，最终来到南疆喀什。

“没想到我来了新疆觉得特别适应，这儿四季分明，当地人淳朴善良。”一直把自己定义为“一个不典型的广东人”的冯卓怡来到新疆后找到了一种莫名的归属感。

乐观的冯卓怡回忆起在喀什的日子，感觉满是快乐。可好朋友卡拉买提知道这个“女汉子”背后的小脆弱。“我们一路坐火车硬座来到喀什，落脚后住在一个没有电、没有水的宿舍里。从广州到喀什，每个人的心理落差都有十万八千里。那是我第一次看见她掉眼泪。”卡拉买提说，“但是她适应能力很强，沉得住气，从来不抱怨，很快就进入了志愿者的工作状态。”

“脚踩在喀什的土地上才发现她的美。第一次看见高台民居，发现里面蕴含着丰富多彩的民族文化。”从那时起，冯卓怡学会了少说话、多观察。

我是“粤新人”　“疆爱”进行到底

志愿服务期间，冯卓怡喜欢拉着其他志愿者一起开展公益活动。除了日常工作之外，她利用节假日时间，坚持每周到当地儿童福利院教小朋友英语和汉语。面对小朋友们没有书读的情况，她和朋友们一起组织捐书活动，共收到 600 多本好心人捐赠的新书，由此为福利院建起了第一座图书馆。

来自新疆的志愿者卡力和塞米都对她说：“Juma Gul（卓玛古丽），你是好样的！新疆需要多点像你这样的人！”这时，她动了留在新疆的心思。

冯卓怡的同事邵华说：“冯卓怡热爱生活，她用相机把喀什拍得很美。在她的 QQ 空间，有很多关于新疆的照片和文字，她把自己的所见所闻讲给外地的朋友，告诉他们一个真实的新疆。”

“我觉得，自己已经是一个新疆人了，或者准确地说，是‘粤新人’。”

“找一个家在新疆的军人，这样即使他转业了我们也不会离开新疆。”冯卓怡对家人说。

冯卓怡在讲述自己的援疆经历

冯卓怡在 2014 年志愿服务广州交流会上

无巧不成书。2012 年 6 月，在喀什军地青年联谊会上，冯卓怡遇上了帅气、阳光的指导员周南。

周南是新疆乌鲁木齐人，从解放军理工大学毕业时，有机会分回乌鲁木齐，但他把机会让给了战友，自己选择来了喀什。

志愿服务结束后，冯卓怡考上了乌鲁木齐的公务员留在了新疆，不久她和周南结婚了。婚后，一个在北疆一个在南疆，夫妻之间的守望相隔着一座天山。

“5 · 22”严重暴力恐怖案件发生后，在人们对暴恐案件感到愤怒的同时，一些对新疆民族及宗教的误解也出现在网络上。这让冯卓怡感到痛心，她意识到，自己必须站出来做点什么。

她发表了那篇网上热传的署名文章——《请不要将新疆恐怖化》，同时也递交了申请重返喀什工作的志愿书。她在申请书中写道：“不再犹豫，不再等待，我选择了在这个时候立马行动起来！我愿意放弃条件较好的工作环境和生活条件，投身到边疆的为人民服务中去，与丈夫扎根边疆，建设国防。”

“恐怖主义也是包括维吾尔族人民在内全体中国人民的敌人。还有什么能像民族之间的偏见和误解造成隔阂而更让人感到无力和心酸的呢？”冯卓怡希望人们能够打破以往的固化思维，用一种新的角度和眼光来看新疆，她用自己的亲身经历向别人展示出一个真实而又美好的新疆，为那些善良可爱却被无辜抹黑的新疆人正名。

不是每朵花都要长成玫瑰

现在，冯卓怡如愿回到了喀什，成为一名以实际行动支持丈夫建设国防的平凡军嫂。

很多人对她做出重返南疆喀什的决定不理解，但冯卓怡认为，她的决定和千千万万青年的选择一样普通。她说：“有人选择在东部发达城市打拼，有人选择在西部边疆奉献，这都是实现自己价值的渠道。不是每朵花都要长成玫瑰才漂亮嘛。”

冯卓怡说，新疆是一个有前景的大舞台，她不仅要亲眼目睹新疆的发展，也希望通过自己的力量参与新疆的建设。

“当初有人认为我毕业选择去新疆很傻，后来考上公务员再次选择回到南疆简直就是疯了。”在生活中冯卓怡很少给人们解释，只相信行动永远比语言有力。

“我和同龄的‘80后’‘90后’年轻人没什么不一样，喜欢逛淘宝、刷微博，从小到大也是从少先队员、共青团员、中共党员一步一步走来的……要说有什么不一样的话，我想大概是我敢去做一些‘不一样’的选择和决定吧。”

“所以，我算不上什么‘典型’，说实话，我还挺‘非典型’的。”

“我的灵魂里流淌着不爱从众的‘叛逆’，我不太热衷于听信别人说什么，我还是比较习惯‘一意孤行’地相信自己的判断和决定。”

冯卓怡始终坚信生命总是朝着梦想的方向曲折前进，拥有梦想的人不做选择题，只做证明题。

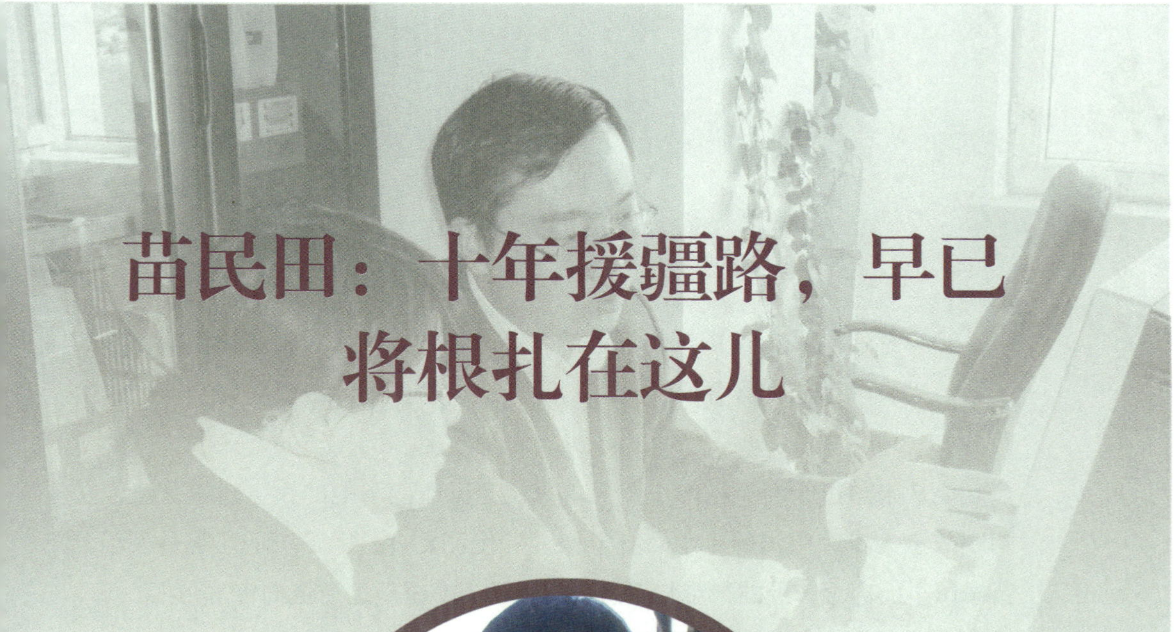

苗民田：十年援疆路，早已将根扎在这儿

苗民田

当志愿工作结束的时候，我才发现自己已经离不开这个地方了。

2004年，苗民田从山东临沂医学高等专科学校临床医学专业毕业，参加了第二批大学生志愿服务西部计划，服务地点是偏远的新疆阿勒泰地区吉木乃县。

他从未想过，当年做的一个简单决定，竟改变了他的人生轨迹，让他在相距故土大半个中国的吉木乃扎下根，工作、娶妻、生子。十几年过去了，苗民田早已忘记曾经的艰难与不易，把自己当成了地地道道的吉木乃人。

由于工作出色，苗民田被调到吉木乃县任政法委综治办主任。虽然从做志愿者开始，苗民田的职务一直在变，但不变的是苗民田对工作的态度。对此，苗民田只淡淡地说："不能说干一行爱一行吧，只是对每份工作都尽职尽责。"

在基层工作中找到成就感

"我大学一毕业就来到了吉木乃，年轻时对工作所有的热情和激情都留在了吉木乃，当志愿者工作结束的时候，我才发现自己已经离不开这个地方了。"苗民田说。

吉木乃县地处边远，自然环境恶劣，经济发展缓慢，苗民田说，他下决心不离开吉木乃的首要原因是在这里找到了工作的成就感。

"到这儿工作后发现，这里的领导不端架子不打官腔，我们总是能像朋友一样交流。因为吉木乃很缺人才，几乎没有大学生，因此吉木乃县政府领导特别重视我们这样的大学生。"为了留下这些大学生西部计划志愿者，吉木乃县领导三番五次向上级申请政策，终于，苗民田那一届留下来的17个大学生西部计划志愿者全部纳入了自治区事业编制，成为了真真正正的吉木乃人。

除了在工作上很受重视外，淳朴善良的吉木乃人也是苗民田留下来的重要原因。

"我们这儿的人都很淳朴善良，即使陌生人来访，他们也能热情地招待

苗民田在培训操作员

客人进屋喝茶、吃饭。这里的治安也特别好，我的自行车都不上锁放在楼下，过好长时间去看，车子唯一的变化就是积了些灰尘。”说到吉木乃的人民，早将自己划为吉木乃人的苗民田洋溢着的满是自豪之情。

“虽然这里没有很多人向往的高端消费，但我觉得那并不重要。忘带钱的情况下，我可以到菜市场先把东西买回来，生活在这里让我感觉很温馨。”苗民田说。

做老百姓的倾听者

刚到新疆不久，苗民田经常深入吉木乃县牧区开展远程教育培训工作，在不同的季节，他要带上不同的教材，去牧场给牧民讲解新知识。

为了将新的养殖技术传播到每户牧民家里，苗民田频繁到访，当地人都亲切地称他为“别克”，这个词是“好小伙儿”的意思。

如何与牧民打成一片，苗民田有自己的绝招，“每次到牧民家里，我主要做的事情就是先静下心来倾听他们的诉说。因为我的父母就是普普通通的农民，是村子里出了名的老实人，所以我对基层牧民很有感情，面对他们像面对我的父母一样，我愿意听他们讲话，也很尊重他们。”

“他们觉得你能听得进去他们的话，就会对你越来越信任，也就更愿意跟你敞开心扉。就这样，我跟牧民们成为了好朋友，这个时候我和他们说一些意见和看法，他们也就更容易接受了。”苗民田说。

除了认真倾听，苗民田还为牧区人民做了很多实事、好事。有一个哈萨克族小伙叫刀肯，家里只有几只羊和一头牛，生活比较困难。“我们去了之后发现他家有一块湿地，就建议刀肯在湿地上养殖鸭子和鹅。”为了让刀肯大胆尝试，苗民田和同事为刀肯带去200只鸭苗和50只鹅苗，还有一些饲料。后来在苗民田和同事的帮助下，刀肯的养殖非常成功，7块多钱买来的鹅苗养大后以80多块的价格出售。

“我觉得这件事给牧民带来的经济效益还是其次，主要是让牧民在思想

苗民田深入吉木乃县牧区开展远程教育培训工作，为牧民播放科技、政策类专题片

观念上发生了转变，由之前的只知道养牛羊变成了更加注重考量经济效益。听说刀肯现在还在养鹅，生活过得很不错。”苗民田说。

做了县政法委综治办主任后，因为工作性质不同，苗民田也有了新的工作理念——不见棺材也得流泪。由于工作的特殊性，哪怕一点小的失误就可能发生大问题，苗民田对此十分谨慎。“我们的工作主要是防患于未然，在事情发生之前，要往最坏处想，往最好处做，这样才可能不出问题。”苗民田举了一个例子，“有一次在两个班交接的时候，一个楼脱岗了五分钟，这个事情被我们检查发现后，就直接取消了五个相关责任人的年底评优资格，并且在全县通报批评。”

没后悔过，唯一的遗憾就是亏了孩子

新换了工作后，苗民田基本没什么时间陪家人，尤其在五一、十一、春节等重大节日时，他们更需要提高戒备，反而比平日更加忙碌。

谈及新工作对自己的影响，苗民田说：“对我个人来说没什么，工作性质变了就跟着工作性质走，媳妇也理解我，就是亏了孩子。”

苗民田的妻子也是一位大学生西部计划志愿者，援疆已经有十个年头，学医出身的她早成为了吉木乃县医院的骨干，带起了学生。

对于妻子，苗民田是有愧疚的：“我妻子也是山东人，我们回老家匆匆完婚后就又回到新疆继续各自的工作了。虽然结了婚，两个人因为经济问题还只能住各自单位的宿舍，半年后我们才租了个房子住到一起。现在儿子都五岁了，我们结婚照也没拍，戒指也没给她买。”

对于与妻子的感情，苗民田十分珍视，“我们俩这一路都是相互鼓励、相互扶持、共同奋斗走过来的，我非常感激我的妻子。”

2010 年，苗民田的儿子苗苗出生，因为夫妻俩工作太忙，一直没有太多时间照顾孩子，儿子从三岁半起就要经常一个人待在家里。“四岁的时候生活基本能够自理，他在家里吃冰激凌、饼干，或者做什么事都会先打电话给我，得到我的允许后才去做。”

因为父母经常不在家，刚刚五岁的苗苗养成了不给陌生人开门的好习惯。

“有一次曾经照顾过他的老爷爷老奶奶送了些自家种的菜到我们家，我儿子没有听出两位老人的声音硬是没给开门。”苗民田乐呵呵地说着儿子的趣事。

虽然懂事的儿子让苗民田很放心，但他一直觉得对不住儿子，“以前在纪委工作的时候，暑假会带孩子去附近的旅游景点游玩。但我现在唯一能做的就是在下班后尽量陪他出去散散步。陪他的时间总归还是太少了，确实比较愧疚。”

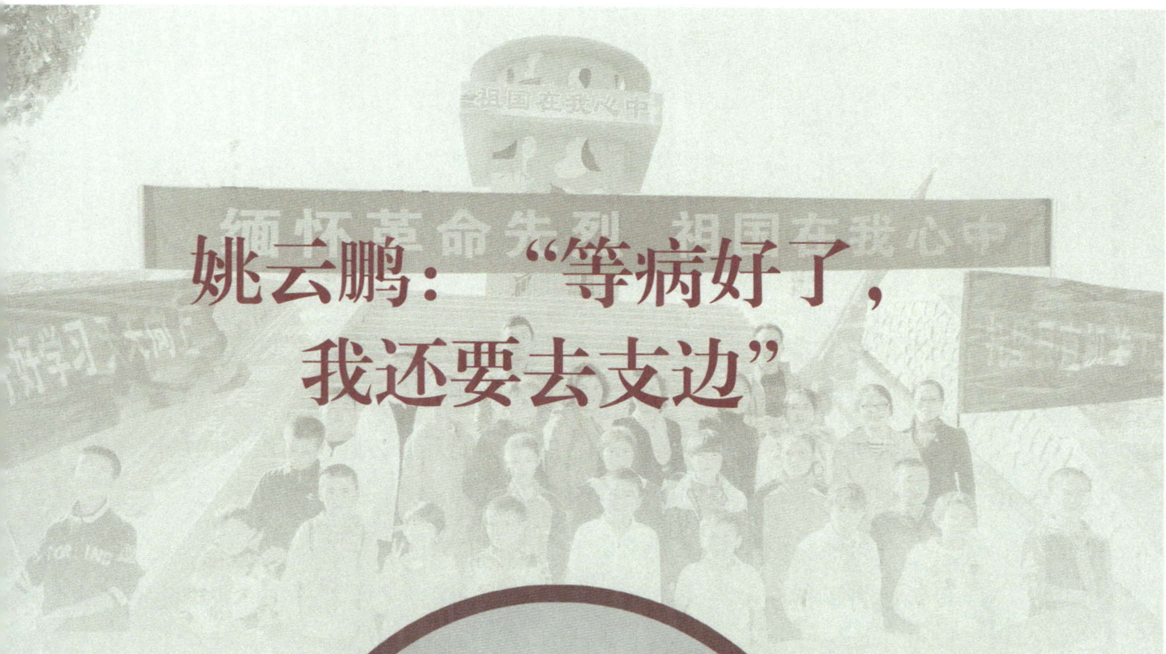

姚云鹏：“等病好了，我还要去支边”

姚云鹏

等病好后，我还要去做志愿者，教孩子们画蓝蓝的天空、绿绿的草原、弯弯的河流……

“姚哥哥，我是‘小葫芦’，我们想你了，你怎么还不回来？”

“我也想你们，也想早一天回去，可……”

“姚哥哥，你轻轻地咳慢慢地说！”“姚哥哥，你什么时候能回托里啊？”电话里传来两个男孩先后安慰和询问的声音。

“……可能一两个月，可能半年，也可能……”

没等姚哥哥把话说完，“小葫芦”连忙劝道：“姚哥哥，你快把病治好，早点回来，我们还等你带我们去草原上看花海呢！”

与姚哥哥通话的孩子们都是新疆塔城托里县的孤儿。年仅9岁的“小葫芦”叫胡露凡，是孩子们中最小的，因脸蛋长得圆圆的，大家们都叫她“小葫芦”。她还有个哥哥叫胡永涛，兄妹俩在一场车祸中失去了父母。另一个说话的男孩叫王天义，14岁，从小在福利院里长大，他还在襁褓中就被父母遗弃了。

姚哥哥叫姚云鹏，2013年7月毕业于齐鲁师范学院，同年8月投身大学生志愿服务西部计划，来到八千里之遥的边陲小县——新疆维吾尔自治区塔城地区托里县进行为期两年的志愿服务。

大手牵小手　我一定要帮他们一把

在姚云鹏家的相框里，有一张这样的照片：一位老人和两个青年、两个小孩幸福地围在圆桌旁，桌上摆着八盘荤素搭配的美味佳肴，中间是一个大蛋糕。其中穿一身红衣服、头戴一顶生日帽的小姑娘，正是“小葫芦”胡露凡，大家正在为她过生日。

2014年，姚云鹏在六一儿童节的慰问活动中，结识了这三个可怜的孩子。本该是无忧无虑、天真烂漫的年纪，可他们不愿与人交流，总是躲在人群后面。姚云鹏在他们脸上，看到的是无助和对外界的不信任，当时他心里酸楚楚的，暗下决心：“我一定要帮他们一把！”

从此每到周末，姚云鹏都会抽时间和孩子们谈心，教他们画画，给他们

姚云鹏（右一）为"小葫芦"（左一）过生日

讲故事，还用自己微薄的津贴为他们买书、买文具、改善伙食。遇到姚云鹏加班，他们总会乖乖地在办公室里等他。姚云鹏成了他们最温暖的依靠，他们的心被暖热了，脸上都露出了灿烂的笑容。

大手牵小手，就这样姚云鹏与他们愉快地度过了一年。正当孩子们与他相处得难舍难分时，姚云鹏却突然病倒了。"肺癌晚期"的噩耗传来，使三个孩子立刻陷入了极度的忧伤和痛苦之中。在得知姚云鹏患病后，不少志愿者到福利院看望这三个孩子，"小葫芦"总会满心期待地问："姚哥哥的病好了吗？我们都很想念他，他什么时候才能回来啊？"

情牵西部　在感恩中苦苦坚守

出身农村的姚云鹏虽家境贫寒，却从未抱怨过生活的艰辛，而是通过发奋努力改变了自己的命运。大学期间，姚云鹏靠着国家助学贷款和奖学金，完成了自己的学业。正是如此，他内心充满了感恩之情，“我想做一名志愿者，到祖国和人民最需要的地方贡献青春和力量。”

毕业那年，正好赶上大学生西部计划。报名前，当时在上海从事绘画教育的学长专门找到姚云鹏说：“云鹏，你素描功底好，去上海任教肯定有前途，再说边疆那么艰苦，志愿者里也不少你一个！”

“我是靠国家助学贷款完成学业的，做人要知恩图报。上海那么大，人才多得很，不缺我一个；西部固然苦，趁我年轻，正好去实现自己的梦想！”姚云鹏婉言谢绝了学长。

2013 年 7 月 23 日，伴随着“到西部去，到基层去，到祖国最需要的地方去”的号角，姚云鹏背起行装，提着画板，踏上了西行的列车，开始了从山东到新疆“八千里路云和月”的追梦之旅。

2013 年 8 月，刚到托里的姚云鹏，被分配到县直机关工委工作。在所属 43 个党支部中，供销社党支部因工作上不去总是挨批，姚云鹏主动要求前去帮扶工作。一到供销社，他就深入走访，悉心观察思考，找到了存在的主要问题。

“这个年轻人，话语不多办法多，工作扎实脑子灵，是个难得的好苗子！”供销社主任何方源这样评价姚云鹏。

而在生活中，姚云鹏在志愿者群体中是出了名的“抠门”。

“2014 年 4 月 21 日，火腿 4 元，馒头 2 元；4 月 22 日，蔬菜 6 元，馒头 3 元……”这是舍友为姚云鹏整理物品时，无意间发现的记账单，简简单单的一页账单上，出现最多的就是每天 2 ~ 3 块钱的馒头。

在托里县开展志愿服务，姚云鹏一个月的全部收入只有 2000 多元。除去每月 1000 元的花费，他每年要定期偿还国家助学贷款，还要拿出一部分钱贴补家用，这样下来，所剩无几。这也促使姚云鹏不得不省吃俭用，节衣缩食。

“云鹏从不买零食，豆腐、青菜就是他的最爱，馋的时候，就出去买根火腿肠与青菜一炒，馒头始终是他的主食。就连一次 20 元的理发费用都舍不得花。”与姚云鹏一起服务的志愿者杨学文说。

在托里服务两年来，姚云鹏没给自己添过一件像样的衣服。2014 年春节回家时，父亲看到他身上穿的还是去年离家时的衣服，劝他买身新的、好的。

姚云鹏（右二）为福利院的孤儿们分发衣物

他却说：“不用，只要不破，能穿就行。”

不过，穿衣服还真让他犯过难。在机关单位要参加各种重要的会议和活动，可是一身普通的正装至少要三四百元，姚云鹏有些舍不得。

一次，细心的机关工委书记李新玉发现，姚云鹏的西装不仅陈旧，而且大小也不合体，就悄悄地问：“小姚，你的正装呢？”

“李书记，您别笑话我，我没有西装，这身衣服是借别人的。”姚云鹏尴尬地解释道。

“这孩子，跟我儿子年龄差不多，竟舍不得买身像样的衣服，可是他处处关心别人，吃苦在前，享受在后，太让人感动了！”李新玉回忆起与姚云鹏之间的往事哽咽地说。

于是，李新玉带着姚云鹏来到服装店，自费为他量身定做了一套西装。从此，他有了自己的西装。但只有在正式场合他才穿出来，每次活动一结束，他就马上将西装换下，再小心翼翼地整理好，生怕弄脏、挂破了。

如今，这身西装正静静地挂在姚云鹏宿舍的衣架上，还是那样板正、一尘不染，每一颗衣扣都系得平平展展、规规矩矩，两只空荡荡的袖口里，露出半寸雪白的衬衣……

梦想驻留　不想离开这个可爱的地方

夏日的托里，是一年中最美的时候。巴尔鲁克山上的花正迎风绽放，哈萨克牧民的毡房上升起了缕缕炊烟，羊群像朵朵云彩散落在辽阔的草原上。

然而，在托里县多拉特村一间不大的宿舍里，一张破旧的单人床孤零零地摆在墙边，靠墙角的地方有一张支好的画板，上面的画纸已经落满了尘土，阳光透过窗户，洒在画纸上，显出淡淡的灰黄。

“这幅画，云鹏还没画完，他答应我等他开办美术辅导班时，就教我画画……”同为志愿者的史利转动情地回忆着姚云鹏的故事。

2015 年 3 月上旬，姚云鹏作为托里县第二批“访民情、惠民生、聚民心”工作组成员，住进多拉特村。在村里小学走访时，他了解到学校缺美术老师，有的孩子连彩笔都没有。看到这一情形后他便下定决心：“我要想方设法帮助孩子们！”

有了想法后，他向工作组组长哈尔山提议，在多拉特村开办美术辅导班。经同意后，他抓紧筹备，很快就从县城买来了绘画材料，望着眼前的一切，他心里充满了喜悦：“多拉特村的孩子们就要跟我学画画了！”

进村半月来，姚云鹏多日的咳嗽越来越严重。为了坚持下去，不被同事们发现，每到吃饭时，他就借口躲进宿舍，等大伙儿散去，他才出来吃饭。

在多拉特村最后的几天里，他总是不停地催促着哈尔山组长，为他找一间给孩子们上课的教室。

“小姚，咱们初来乍到，还不太熟悉，再说你咳嗽得厉害，等把病治好了再说吧！”哈尔山组长劝他。

3 月 28 日，一个周末，也是姚云鹏在这里工作的最后一天。身体极度不适的他，硬是加班忙完了手头所有的工作。此时，他已经两天两夜没有合眼。

剧烈的咳嗽，使他整个人都在颤抖，他再也支撑不住了……

哈尔山组长看到后马上驱车送姚云鹏到托里县人民医院治疗。十天后，在去往乌鲁木齐的大巴车上，姚云鹏拨通了哈尔山的电话："哈组长，我在县医院治疗，病情丝毫不见好转，医生建议到自治区中医院做进一步的检查和治疗。"

"小姚，我这就要车，明天一早赶到送你！"

"不用送，我已上车了，等病好了就回来……"

托里距乌鲁木齐500余千米，为不给领导和同事添麻烦，姚云鹏当晚独自起程。

大巴车在夜色里疾驶，姚云鹏不停地隔着车窗张望。他多么希望能赶快把病治好，再回来看看可爱的"小葫芦"他们和他就要开办的美术班。

回不去了　把我的画板留给孩子们

从托里县医院到新疆维吾尔自治区中医院，又从新疆维吾尔自治区中医院转到山东省肿瘤医院。一个不幸的噩耗传来：姚云鹏得了肺癌，已是晚期。

"我可能回不去了，你们一定把'小葫芦'他们照顾好。我的画板就留给孩子们吧，算是给他们留个念想，希望他们长大成材后，还能记得他们的姚哥哥……"电话里，姚云鹏特地嘱咐志愿者史利转。

刚做完化疗的姚云鹏，头上冒着虚汗，无力地靠在床头看书。由于药物反应，他日渐消瘦，头上的帽檐被他压得低低的，只剩下消瘦的脸庞、深陷的眼窝和那两束从容坚毅的目光。

曾经的"志友"刘震特意从托里来山东探望他，姚云鹏苍白的脸上顿时露出了久违的笑容，"记得去年这个季节，巴尔鲁克山上的花已经开了，哈萨克牧民正准备转场。今年怎样？"

"今年雨水多，山花已经开了，牧民们也开始转场了。"刘震认真地回答他。

"希望你像胡杨一样，有坚韧不拔的意志，坚定信心，好好养病。盼望你早日康复，再回到志愿者的岗位上！"5月18日上午，共青团山东省委书记张涛握着姚云鹏的手语重心长地说。

姚云鹏（最后一排右一）组织福利院的孤儿们参观小白杨哨所，其中有他救助的孤儿胡永涛（三排左一）、王天义（一排左一）、胡露凡（一排左三）

“姚云鹏才刚满 26 岁，他是一名优秀的大学生志愿者。我代表齐鲁师范学院全体师生，恳请您尽最大努力，别让他倒在了追梦的路上……”齐鲁师范学院党委书记尹方恳请山东省肿瘤医院内科主任张品良。

姚云鹏患病住院的消息，牵动着社会各界的心。已经退休的李新玉书记四处奔波，找工会、找妇联、找红十字会、找共青团组织，多方呼吁，为姚云鹏筹集医疗费，还主持起草了《为西部计划青年志愿者姚云鹏募捐的倡议书》。

“等病好后，我还要去做志愿者，教孩子们画蓝蓝的天空、绿绿的草原、弯弯的河流……”

孔繁森曾说：“老是把自己当作珍珠，就时时有被埋没的痛苦。把自己当作泥土吧，让众人踩成一条路。”在病床上的姚云鹏无时无刻不在想念着托里，他说：“等病好了，我还要去支边。”

2015 年 11 月 12 日，年仅 26 岁的姚云鹏终因肺癌晚期救治无效病逝。他临终时曾说：“不要为我的死悲伤，如果真的舍不得，就请替我好好活。”

一个年轻的生命就此逝去，而他留下的火种却生生不息。

“你为什么要参加大学生志愿服务西部计划？”在 2015 年的西部计划招募大会上，齐鲁师范学院美术学院党总支副书记胡颖杰问他的学生郑贤阶。

“我想去姚云鹏学长服务过的新疆托里，替他照顾福利院的孤儿，到多拉特村教孩子们画画，把他那幅没画完的画再接着画完……”郑贤阶含泪说道。

汲生军：从黄海之滨到大漠边陲
无怨无悔为青春做注

汲生军

为了这片土地，我们付出了真情与汗水，所经历的一切都是值得的，我们的青春无悔。

西部地区地大物博，却因为各种历史和现实的原因发展迟缓。自2000年西部地区开发领导小组成立以来，发展的春风吹来，人才、技术、管理、资金等各方面的资助和扶持源源不断输送到这里，西部地区自身的“造血”功能不断增强。新疆就是一个鲜明的例子。

早在1997年，山东省便已与新疆建立对口支援关系，对新疆喀什地区的疏勒县、岳普湖县、英吉沙县等地实施对口援助，大批“身怀绝技”的人才涌向那里，以奉献和牺牲为自己的青春做注。日照港对口援疆项目的主要负责人汲生军就是其中的一员。

黝黑的面孔是我们奉献的印记

汲生军至今还记得2011年刚到新疆的情景：一望无际的芦苇、草丛和盐碱荒滩，气候炎热干燥，蚊虫成群肆虐，沙尘遮天蔽日。正是在那时，他平生第一次真正体会到了“环境恶劣”的含义。

说起当地的“蚊虫”，汲生军记忆犹新。他说，建设初期，正值盛夏，室外气温高达40多度，施工人员每天穿梭在一人多高的芦苇丛里。当地有一种毒性很大的蚊虫“毒翅虫”，身上凡是被它咬过，都会立刻出现白色的水疱或脓疱，严重的还伴有恶心、呕吐、恶寒发烧等症状。这样一天下来，浑身都是伤痕和红肿的大疙瘩。

不过与工期紧、工程量大的困难相比，这点困难只能算作“毛毛雨”。汲生军介绍，作为道路施工最重要的材料，项目总共要用90万立方叶尔羌河道的河砂，但是汛期只给他们留了不到一个月的取砂时间。时间紧，任务重，如何与时间赛跑，保质保量完成任务就成为摆在他们面前的最大难题。

“为了保证沥青路面铺设质量与进度，2011年冬天我们在零下20度到零下10度的严寒中建沥青站、收储沥青，2012年夏天我们在南疆强烈的阳光下铺设120度高温的沥青路面。”为了按期完成施工任务，全体员工头顶烈日，每天工作 12 小时以上，用 20 天的时间储备了三分之一的总用砂量。

狂风沙尘、高温暴晒，外加水土不服，一段时间下来，偶尔照照镜子，汲生军甚至都不敢相信镜子中那个“面目全非”的人就是自己。“想想这些兄弟们，谁不曾在内地过着舒适的生活？面对一张张晒得黝黑的面孔，我很心疼。”汲生军的鼻子止不住泛酸。

共产党员的责任与担当

各种困难险境，非但没有成为汲生军工作中的拦路虎，反而激发了他不服输的拼命劲头。“我深知，参加援疆工作的不仅仅是我自己一个人，更重要的是带领我们这支援疆队伍，坚定不移地完成好各项援疆任务，还要时刻提高警惕，确保员工队伍的安全。对此，我深感责任与压力，不敢有丝毫懈怠。”

这正是一名优秀共产党员的责任与担当。2014 年年初，为了掌握物流园区项目的第一手资料，汲生军每天行程达数百千米，跑遍了周边的各个区县，

汲生军（右）与同事交流工作

连续奔波半个多月后，终因结核性胸膜炎而病倒。那时他右侧胸腔积液已达到 2300 多毫升，经过多次手术治疗，他的身体已经变得非常虚弱，但是因为记挂着项目，刚动完手术还不到半年，汲生军又返回了新疆。

回到新疆，汲生军马上投入紧张的战斗中，摆在他面前的是堆积如山的工作：生产设备的安装、调试，车间工人的招聘、培训，产品包装材料的设计、定购，红枣原料的考察、收购，红枣产品销售渠道的开拓、确定，恒温库、锅炉房的建设……汲生军没日没夜地奔波着，忙碌着，有时候药都顾不上吃。忍受着身体还未恢复的阵阵疼痛，他的工作又回到了四年前刚刚进疆时的繁忙节奏。

艰难困苦　玉汝于成

令人欣慰的是，所有的苦难都化作了成功路上的明艳花朵。在大家的齐心努力下，各项繁杂的工作有条不紊地进行着，援建取得的累累硕果也让汲生军和同事们倍感欣慰和自豪。他所在的援建队伍先后圆满建设完成了麦盖

汲生军指导维吾尔族员工操作机器

提县城西工业园道路及配套设施工程、希依提墩乡改造提升二期工程、新疆日照港物流园区等工程，累计完成施工总产值达 2.4 亿元。

汲生军还说，自己的儿子已经 10 来岁了，小小年纪的他，也许还不能完全明白援疆的意义，可是他也在用自己的方式，安慰着离家万里的爸爸。在学校，他是一名品学兼优的好学生；在家里，他总能帮妈妈干些力所能及的家务活。而每每在别人面前谈起自己时，儿子总是骄傲地说：“我爸爸在新疆援疆呢！”

“正是家人的付出，才使我们多了一份‘舍小家顾大家’的勇气和担当；正是他们的支持，才使我们能如此的义无反顾！”汲生军眼眶湿润地说。

从黄海之滨到大漠边陲，远隔万里却一脉相连。援疆一阵子，回忆一辈子。虽然工作环境艰苦，但是汲生军和他的同事们没有辜负自己的责任与使命，没有辜负四年多的宝贵时光。“为了这片土地，我们付出了真情与汗水，所经历的一切都是值得的，我们的青春无悔。”汲生军动情地表示。

李进军：“我是北京的和田人”

李进军

参加援疆工作，感觉每天都是快乐的。

“援疆是我们国家一项重要的援助政策，医院和个人都应该大力支持。援疆可以将先进的医疗技术带到新疆，我可以并且十分愿意帮助那些有需要的群众。”怀着这个意愿，李进军申请了科室的援疆名额，义无反顾地飞赴他向往的、美丽的、神秘的新疆。

李进军是北京安贞医院普外科主任医师，作为北京市第七批援疆干部来到了新疆和田，开始了为期两年的技术援疆工作。他先后获得了“自治区第七批优秀援疆人才”“自治区二等功”“和田地区优秀援疆干部”“和田地区先进个人”“地区卫生局民族团结先进个人”“和田地区人民医院先进个人”“地区医院优秀共产党员”等荣誉称号。

不辜负群众期望　尽全力完成医疗救治

和田地区风沙很大。“一下飞机，就看到漫天沙尘，好像到了建筑工地。有一句话形容和田的风沙：‘和田人民苦，每天二两土，白天吃不够，晚上接着补。’一觉醒来，屋里沙尘多得都可以在地板上写字。于是，男人的花帽和女人的纱巾便成了长年摘不下的‘防尘装’。”李进军说，“风沙再大，我们也要做好本职工作。”

第一次在地区医院出专家门诊，便看到诊室外排了一排长长的队伍，有的手里还拿着几个馕。李进军问道：“大姐，看病怎么还带着吃的呀？”病人说：“我们住在离和田很远的地方，馕是在路上当饭吃的。”李进军听完顿时觉得肩上的担子沉甸甸的。

为了服务更多的和田百姓，李进军还多次利用周末组织北京专家到乡下义诊。有一次，到乡下义诊时，李进军遇到一位维吾尔族老大爷，老大爷体形消瘦，腹腔长出巨大肿瘤，像一个怀孕几个月的孕妇。李进军经过了解得知病人家里穷，没钱看病就一直拖着，听说北京专家来义诊，这才来看看。几天后，他将病人安排到地区医院住院，经过进一步检查，患者还合并有肺气肿、糖尿病等疾病，肿瘤距离腹部血管也比较近。

看到这种情况，普外科的医生们有些发憷：“以前碰到病情这样严重的病人，我们都转到乌鲁木齐了，这次要不……”李进军听出了其中的含义，笑了笑，给大家鼓劲说：“这个病人的情况我也慎重考虑了，他年龄大，家庭条件差，去乌鲁木齐治疗经济上也负担不了。根据我们的技术水平，我有能力完成这个手术。当然，我们也要精心准备，做好围手术期处理。”

那次手术可以用“步步惊心”四个字来形容。手术从早上 11 点持续到下午 6 点，术中几次大出血，每一次都用术前充分准备的预设方案恢复到正常，输血量超过 2000 毫升。术后也是一波三折，先后出现坠积性肺炎、下肢静脉血栓、伤口感染等并发症，经过几天几夜的奋力抢救，老人终于脱离了危险，各项生命体征也逐渐恢复正常。最后出院时，他给李进军鞠了一躬，用不太流利的汉语说：“大夫，是你治好了我的病，北京大夫亚克西！”

普外科医生们也从这个病人身上学到了很多，并且心有余悸地说：“李

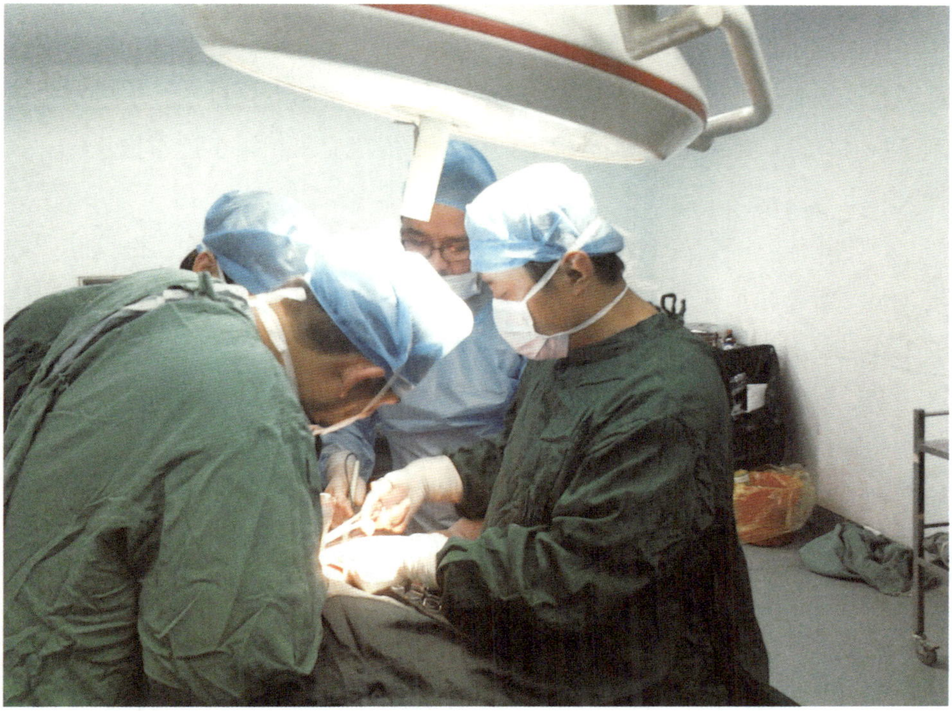

李进军医生（右一）在操作手术

主任，要不是你，这个手术我们可做不了。”

对此，李进军说：“这就是我们作为援疆医生的职责。”

“传帮带”本地医务人员　留下一支带不走的医疗队

李进军就职的和田地区人民医院可以说是和田地区最好的医院，但手术室内的呼吸机仍是20世纪80年代的旧设备，没有重症设备。“没有放疗设备，但就算放疗设备放在这，也没什么人会用。”李进军说。在他看来，和田地区的专业医疗人员还是很缺乏，“招收不到重点医科学院的人才，也留不住人才”，和田地区的医务人员基本都是甘肃地区招来的，大多是三本水平，但就是这样，一年以后的离职率仍旧在一半以上。

这种人员上的缺乏、医疗水平的整体不高与医疗意识不足，是和田医院的硬伤。对此，李进军从制度和意识两方面入手，对医务人员进行培训，借此提高医院整体的医疗水平。

在制度上，李进军帮助科室进行规范化建设和管理，要求科室每天实行规范化交班制度，科主任每周大查房一次。在交班制度建设中，李进军也遇到了一些阻碍，有些医务人员很不适应这种规范交班，跟李进军抱怨：“觉得时间上太紧张，不能睡懒觉了。”

李进军说：“这种制度肯定会让一些人觉得不舒服，但为了医院整体的进步，不舒服也必须克服。”好在医务人员很快适应了这种方式，医院科室的工作也更加规范化了。

李进军还要求医务人员在临床诊疗和手术操作中必须注意规范化。他说，当地的医疗人员以前一直有一种意识，就是“这个手术我能做下来就行了”，但在他看来，“不能仅仅是‘能做’，还要‘做好’，比如在手术过程中的规范化操作，可以将病人的手术创口减到最小。从更大意义上来说，还能有效地避免一些医疗事故。”

此外，他还开展教学查房及讲座，努力提高医护人员的理论及技术水平，还积极想办法提高他们的教学意识、科研意识。

记得有一次在科里讲课，讲的内容是“急腹症”，有的大夫就说：“我

李进军医生在和田地区人民医院给患者看病

们又不带学生，学讲课干什么呀？我练好手术就行了。”李进军耐心地给他们解释说：“什么事情不但要知其然，还要知其所以然，你不学，怎么去提高呀，我也不断在学习啊。”在这个过程中，李进军趁机教他们怎样有效学习，怎样能把课讲明白，怎样制作一个漂亮的幻灯片，逐渐提高他们的教学意识。“告诉他们，在工作中总会遇到这样那样的难题，我们可以在一起讨论，可以百度一下解决方法，通过查文献寻找理论依据，使他们慢慢有了科研意识。”后来，他们经常主动找李进军问：“李老师，我这个想法行吗？”通过这种方式，科里医生学习的积极性越来越高，李进军高兴极了。

在一年的援疆工作里，包括李进军在内的援疆医生对当地医务人员进行医学专题讲座500余次，接受培训的医务人员5000人次，培养徒弟105人，为新疆地区培养了一支带不走的医疗队。

在帮助群众中收获友谊 “我是北京的和田人”

除了在医疗技术上帮助和田地区外，李进军还时刻牢记着自己是援疆干部的一员，牢记团结当地群众、帮助当地群众、维护民族团结的使命。在援疆的过程中，也收获了与当地群众的友谊。

一次在地区医院的工作中，李进军和同事们遇到了一名患白血病的维吾尔族少女古丽。古丽正在读护校二年级，家庭比较贫困，他们联系了医院方面，接收古丽到和田地区人民医院血液科进行治疗。几名援疆医生对此都很关注，他们向援疆指挥部反映了古丽的情况，为古丽争取到了部分优惠政策，减轻了这个家庭在治疗费用上的压力。

除此之外，他们还参与援疆指挥部牵头创办的“春苗工程”，关注和田地区的教育问题。

李进军说：“参加援疆工作，感觉每天都是快乐的。”身边的各族同事、患者、朋友都非常善良，遇到节假日，不管是中秋节还是古尔邦节，总有很多少数民族同事主动邀请自己到他们家里做客，总有一些康复的少数民族患者来到医院看望他，总有一些少数民族朋友说要带着他逛玉石巴扎（维吾尔语，市场）挑选玉石……当他结束援疆工作要走的时候，老百姓纷纷来到医院，拿出土特产，一再强调是今年的、绿色的食品，请他“拿回北京给亲人尝一尝”。在这里，他没有感到孤单，没有觉得是外乡人，而是感受到民族团结一家人、一家亲的温暖。

在李进军看来，援疆并不是简单意义上的一种“单方面帮助”的关系，而是“互帮互助”。从和田人身上他也学到了很多，例如他们的坚韧不拔、面对恶劣环境的乐观精神。

在被问到是否还会关注和田时，李进军没有丝毫犹豫地表示：“一直在关注和田。在和田，我们是和田的北京人；在北京，我们是北京的和田人。现在一听到人说‘和田’两个字，就形成了条件反射，迫切想知道他下面想说什么，和田又有哪些新变化。有时也和和田的朋友打打电话，了解那里的一些情况。前一段时间听说和田地区人民医院晋升三甲医院，真是高兴。”

周剑：架起赣新友谊之桥

周　剑

我们号召大学生积极参加志愿服务西部计划，那我也要带头去西部，才更有号召力。

从江西九江到新疆阿克陶，距离是 4805 千米，在地图上看，几乎横穿整个中国版图。

这一路，山高路远。对于援疆团干部周剑而言，这是对援疆梦的追寻之路。

从了解新疆、热爱新疆，到宣传新疆、建设新疆，1978 年 1 月出生的周剑用自己的行动诠释了一名共青团干部的光辉形象，在赣新两地之间搭建起一座友谊的桥梁。

历任江西财经职业学院办公室秘书、办公室副主任、校团委书记，江西省第九届青联委员的周剑，在 2014 年 8 月至 2015 年 8 月期间赴新疆援建，任维吾尔自治区克孜勒苏柯尔克孜自治州阿克陶县团委副书记。他不畏艰苦、甘于奉献、虚心好学、奋发有为的工作作风，得到了当地干部群众的一致好评。2015 年 7 月 17 日，周剑被共青团新疆维吾尔自治区委员会授予“优秀挂职团干部”的称号。

山高路远，阻挡不了他的援疆梦

戴着眼镜，白净的脸膛，说话声音轻柔，这种书生气是周剑给人留下的第一印象。

“到西部去，到基层去，到祖国最需要的地方去。”这句话一直是周剑的座右铭。2014 年 8 月，当学校团委接到选派团干部赴西部县级团委挂职的通知后，37 岁的周剑最先报名，并顺利通过了考核，成为江西首名赴新疆县级团委挂职干部，“我们号召大学生积极参加志愿服务西部计划，那我也要带头去西部，才更有号召力。”

新疆阿克陶县位于中国西部边陲，西部、西南部分别与吉尔吉斯斯坦和塔吉克斯坦接壤，县域面积 2.42 万平方千米，但该县 96.4% 为高山牧区，平均海拔在 3000 米以上，全年干旱少雨，多风和沙尘。

九江到阿克陶的距离是 4805 千米，周剑为了圆自己的援疆梦，毅然踏上了开往天山的列车。

克服困难，迅速融入当地工作

刚到任时，周剑克服种种困难，“房子漏水就自己补补，我不想给当地团委添麻烦”。为了尽快熟悉工作、融入集体，他给自己定了一个“做事不做客、添彩不添乱”的原则，认真了解学习各种政策文件以及新疆共青团工作的各项特点，积极协助当地团县委书记开展好各项工作。

语言不通是周剑挂职工作中最大的障碍。为了便于工作，周剑找来《日常维吾尔语》手册，坚持每天向维吾尔族同事学一句维吾尔语。他把手册放在办公桌上以便于随时学习，最终与热情好客的维吾尔族朋友打成一片，成为了他们的“阿达西（维吾尔语：兄弟）”。

从民族语言到历史文化，从日常工作到生活点滴，周剑在挂职的每一天里都在认真学习、用心体会，并结合当地实际情况把具体工作落实到位。

周剑（左一）和同事下乡调研

爱心帮扶，赣陶两地“手拉手”

阿克陶的一些偏远乡镇，有很多孩子每天上学要走七八千米的山路。每年10月下旬，海拔3700多米的阿克陶县高山牧区就已经迎来了初雪，当地1月份的平均气温仅为-7.4℃，而孩子们只能穿着单薄破旧的衣裤蜷缩在教室里学习。

2014年年底，身在新疆挂职的周剑，积极联系原工作单位，通过江西财经职业学院学生社团爱心社开展“情暖巴仁”爱心活动，共募集了17274.20元，为新疆阿克陶县巴仁乡近600名中小学生送去了衣物，“那时候，我们开展各项活动，组织学校开展义卖、义演、募捐等形式筹集经费，还有很多钱是同学们卖废品筹来的”。周剑和西部计划志愿者们还通过“暖流计划”“爱心橱柜”等公益组织，为阿克陶县各山区的孩子们送去了温暖。

挂职期间，周剑认真按照援疆工作各项要求，全力协助当地团县委书记做好新疆、内地学子“百万学子书信手拉手”以及“去极端化”“与现代文明同行”等工作，顺利通过了自治区、州、县年底考核的各项指标。

2015年六一国际儿童节前夕，在前期“百万学子书信手拉手”活动的基础上，阿克陶县实验中学和江西师大附中举行了“赣陶同心手拉手，共筑美

周剑和志愿者给孩子们送去衣物

丽中国梦”的视频连线主题班队活动，共庆六一国际儿童节，拉近了两地青少年的距离，加深了彼此的感情。

搭建桥梁，服务青年当先锋

2015 年年初，在赣陶两地有关部门的大力支持下，116 名新疆阿克陶籍的少数民族青年来到江西九江恒通电子公司就业，有了自己的“新家”。

刚进恒通电子公司的时候，这些少数民族青年文化程度不高，没有工作经验，生产出来的零件合格率只有 20%。

“授人以鱼，更应该授人以渔”。在周剑的推动下，2015 年 3 月 31 日，阿克陶县驻九江市团工委在九江恒通电子公司授牌成立。为了激发大家学技术、练技能的热情，周剑组织阿克陶县驻九江市团工委积极发挥青年模范带头作用，通过开展“一对一帮扶”“技能比武大赛”等一系列活动，在短期内提高了阿克陶籍员工的技术水平，零件合格率稳步上升。阿克陶县驻九江市团工委也成了阿克陶籍九江务工青年心目中向往、生活中需要的“理想家园”。

周剑说，援疆工作要付出很多心血和汗水，但是值得，青春无悔。“如果以后有机会的话，我一定还会去阿克陶。”

王燕娜：跨民族无偿捐肾的汉族姑娘

王燕娜

我在生活和工作中，没有刻意去帮助过谁，只是做我应该做的。而我最大的困扰，就是在别人需要帮助的时候，我不能帮助到他。

2007 年 9 月，王燕娜从报纸上得知身患尿毒症晚期、生命垂危的毛兰江和自己一样是 B 型血，便主动来到新疆医科大学第一附属医院肾病科与毛兰江家人见面，当场提出无偿捐献肾脏的请求，希望能够尽一己之力挽救这个维吾尔族兄弟的生命。

当时她并不知道，肾脏移植配型成功的概率是十几万分之一。巧的是，配型竟然奇迹般地成功了！王燕娜软磨硬泡说服父亲，义无反顾地捐肾，最终挽救了毛兰江的生命。

“好多人都说，你咋能有这种勇气做出这种事情。其实我真的没有觉得我多伟大。我的想法比较简单，他才 18 岁，我想帮助他，希望他能健健康康地成长。”王燕娜说。

这一首例跨民族异性肾脏移植手术，感动了新疆各族人民。王燕娜也因此高票当选为新疆首届道德模范。2008 年 6 月 3 日，中共中央政治局委员、新疆维吾尔自治区党委书记王乐泉在接见 30 名新疆首届道德模范时说：“王燕娜，你做的应该说是一个壮举，非常突出，非常感人。虽然素不相识，一名年仅 23 岁的汉族女青年却无偿捐出自己的左肾，挽救了一名垂危的 18 岁维吾尔族学生。”

汉族姑娘为新疆小伙无偿捐肾

2007 年 3 月，新疆昌吉回族自治州昌吉市维吾尔族学生毛兰江·吾买尔的遭遇占据了各大媒体的头条。毛兰江被诊断患有慢性肾炎、尿毒症和慢性肾衰竭等重病，只有换肾才能挽救他的生命。

毛兰江生活在一个普通的家庭，父亲吾买尔是自治区农业干部学校的汉语老师，母亲阿孜古丽是学校的护士。经医院检查，父亲血型不符，母亲患有慢性肾炎，其他家属也因为种种原因不符合捐献标准，毛兰江只好依靠每周四次的透析勉强维持生命，而昂贵的医药费很快花光了这个家庭 30 万元的

王燕娜（右二）参加“好人！感谢你——道德模范与身边的好人”大型访谈节目

积蓄。为了挽救儿子的生命，毛兰江父母卖掉了房子。

“一个偶然的机会，我在报纸上看到毛兰江的遭遇。报道说，他是个乐于助人的大男孩，喜欢打篮球、看 NBA，还曾经让父母送钱到学校给没钱回家的同学。这么好的孩子得了这种病真是太可怜了！我想试试，看能不能为他捐肾。”王燕娜说。

毛兰江的母亲阿孜古丽说，王燕娜第一次去医院看望毛兰江的时候就表示过要捐肾，但当时她和吾买尔都没放在心上。全家人都帮不上忙，更别提素不相识的人了。后来王燕娜又去看望了毛兰江几次，并且积极要求医院为她做配型检查。“让人意想不到的是，王燕娜和毛兰江，一个汉族姑娘和一个维吾尔族小伙子，他们的 16 项配型居然全都吻合。”刘健医生说，“这种概率在医学上只有十万分之一。这简直就是一个医学奇迹！”

虽然配型吻合了，但王燕娜的捐肾请求被医学院伦理委员会的第一次审查会议拒绝了。伦理委员会认为王燕娜太年轻，还没有结婚，捐肾的想法可能是出于一时冲动，希望她再回家仔细思考。

王燕娜决定向毛兰江捐肾的消息经过媒体报道后，不解、猜疑一起向她袭来。王燕娜面对社会、家庭等多方面的不理解和质疑，并没有犹豫，仍然坚持着自己的决定。正是靠着这种无私的爱，最终在父母和有关部门、爱心人士的大力支持下，2008年3月27日，新疆医科大学第一附属医院对王燕娜、毛兰江二人成功地进行了肾移植手术。此次手术成为新疆医学史上第一例不同民族之间无偿捐献肾脏的手术。

手术结束后，毛兰江的母亲阿孜古丽激动得泣不成声。她紧紧握着仍在昏迷中的王燕娜的手说："娜娜，谢谢你！谢谢你救了毛兰江。你就是我的女儿！我的汉族女儿！"

王燕娜的母亲徐新花因为患有高血压，捐肾的事父女俩一直瞒着她。直到手术成功以后，她才从乌鲁木齐电视台的报道中得知这件事。徐新花知道女儿捐肾后说："哪个妈妈不疼自己的女儿，我也不想她受苦。可是既然捐了，我就要好好照顾她，让她早日康复。"

平凡姑娘感动中国

王燕娜从小就很懂事，上小学六年级时就曾用父母给的100元零花钱为贫困居民买煤。上初中时，她利用闲暇时间在乌鲁木齐市红十字会所属的敬老院照顾五名孤寡老人。王燕娜的家境并不富裕，一家五口人和几位亲戚住在位于乌鲁木齐的一幢四层老旧民房的二层里。王燕娜的父母都没有固定工作，父亲王秀江在建筑工地干活，帮人垒墙刷漆。母亲身体不好，在自家楼下开了间不足十平方米的小卖铺，每次进货都靠她一个人乘公交车大包小包地拎回来。

时任新疆维吾尔自治区党委常委、宣传部长的李屹代表自治区党委、人民政府看望了王燕娜和家人。李屹说："从你们身上，我们感受到了一种无私、博大的胸怀和人性的大爱，感受到了中华民族乐善好施、扶危济困的传统美德。"

新疆医科大学维吾尔族员工加尔肯说："新疆是一个多民族的地区，一个未婚的汉族姑娘能够把自己的肾脏捐献给维吾尔族少年，这件事几乎感动

王燕娜接受少先队员的敬礼

了所有的维吾尔族人，这是我们新疆各民族友好团结的见证。王燕娜值得我们尊敬和学习。”

王燕娜：最怕帮不到别人

2008年4月25日，乌鲁木齐高新区管委会举行了第26个民族团结教育月动员大会暨授予王燕娜“民族团结模范”称号表彰大会，并奖励王燕娜3万元。当天来自高新区机关、辖区所属企业及社区的300余人聆听了王燕娜的感人事迹。

高新区党工委副书记、管委会主任徐彬认为，王燕娜用自己的实际行动向大家诠释了在新疆多民族地区，各民族之间同呼吸、共命运、心连心的深情厚谊坚不可摧、牢不可破。

自治区文明办主任孙新刚在表彰大会上说，王燕娜用自己的行动出色地回答了新时期团员青年“我能为社会做什么”“青春的价值是什么”等问题，不愧为新时期民族团结的模范、道德建设的楷模和团员青年的杰出代表。

面对来自各界的慰问和赞扬，王燕娜总是淡然地说：“我的想法一直很简单，我只是做了我力所能及的事。我要代表我的全家感谢社会各界一直以来的关心，这将是我最难忘的一段人生经历。”

对于毛兰江的近况，王燕娜说："我们现在的关系不是一家人，但胜似一家人，彼此牵挂、关心，每每过节都在一起相聚。毛兰江现在还在恢复期，总的来说很好！"

很多人都被王燕娜乐于助人的精神所感动，王燕娜却觉得这并不算什么："我在生活和工作中，没有刻意去帮助过谁，只是做我应该做的。而我最大的困扰，就是在别人需要帮助的时候，我不能帮助到他。我真心希望我们新疆各族人民能够过上和谐、幸福的生活，也希望当代青年能有所为，热爱自己的家乡，为养育我们的热土尽最大的力量！"

阿布都克力木·米吉提：筑起矿区最坚固的生命防线

阿布都克力木·米吉提

工作越是危险，我越想参加。

橙黄，是生命的颜色，在最危急的时刻给人以温暖的希望。

矿井，是危机四伏的险地，又是蕴含巨大财富的宝地。在这里，无数工人冒着生命危险，为祖国的生产建设付出辛劳和汗水。

矿难，一个残忍而无人愿意提起的词语。然而一旦发生，带给被困矿工的只有绝望的等待。而此时，矿工们唯一的期盼，就是在幽暗矿井中出现的那一抹橙黄。

在新疆克孜勒苏柯尔克孜自治州矿区，活跃着这样一支救护队，他们隶属于新疆疆南电力有限公司。哪里有危险，身穿橙黄色救援服的他们就出现在哪里，让埋在矿井中的工人重燃希望之火。

他们是疆南矿山救护队，他们的小队长就是阿布都克力木·米吉提。

中国共产党党员阿布都克力木·米吉提，1975 年 11 月出生在新疆维吾尔自治区疏附县，从事矿井救援工作已经 17 年了。在这 17 年里，米吉提累计参加过 50 余次大小矿井事故的抢险救灾工作，抢救了多名矿工的生命，将矿区灾难造成的人员伤亡程度降到了最低。作为一名矿区技术人员，米吉提还钻研各种技术问题，练就了过硬的技术素质，在 2007 年荣获首届“中国十大杰出青年技师”称号，并于 2008 年起享受国务院政府特殊津贴。

迈向父辈旗帜树立的地方

1994 年 11 月，年满 19 岁的米吉提踏上工作岗位，成为煤矿工人，迈出了人生奋斗的第一步。米吉提对煤矿工作有着特殊的感情：米吉提的父亲，正是在矿井勤勤恳恳工作了一辈子的老矿工。年少时，父亲走向矿场的坚定背影，深深刻在米吉提心中。因此，米吉提从小就产生了对煤矿工作的热爱之情。

参加工作的第一天，毛头小伙米吉提被分配到一个老同志手下。这位老同志丰富的煤矿工作经验让米吉提受益匪浅。

“安全是最大的节约，事故是最大的浪费。”煤矿生产，安全是重中之重。初到煤矿工作的米吉提经过几个月的学习和适应，渐渐掌握了如何又快又安全地完成工作任务。在这期间，他还不断向矿井的老同志、老前辈请教各类工作问题，例如煤矿的日常工作安排和相关的理论知识。

“我觉得井下工作像我家里的事一样。”一门心思扑在工作上的米吉提，将煤矿变成了自己的第二个家。

1997 年，对米吉提来说是极具意义的转折年。经过三年的刻苦努力和勤奋学习，22 岁的米吉提已经是一名优秀的煤矿工人。就在这一年，疆南矿山救护队为了扩大队伍，保证队伍素质，吸收年轻队员，需要几名有三五年煤矿工作经验的年轻矿工。米吉提毅然决定，加入疆南矿山救护队。

雄关漫道真如铁，而今迈步从头越

从煤矿工人到矿山救护队队员，期间经历的艰辛是常人无法想象的：由

阿布都克力木·米吉提（左二）获得“中国十大杰出青年技师”称号

于矿山救护队承担了安全检查和抢险救援的双重职责，在进行繁重的日常安全检查工作的同时，米吉提还要不断学习检测、救护仪器的操作和维护，学习救护理论。

瓦斯鉴定器是用于测定矿井内甲烷、二氧化碳等有害气体浓度的仪器。日常工作中，这个仪器的检查结果关系到矿工是否能下矿进行生产作业，而发生矿难时，则成为决定救护队是否下井以及何时下井的重要参考指标。瓦斯鉴定器虽然原理简单，结构也不复杂，但进行测量时，需要注意读数角度、空气湿度、氧气浓度等各方面细节，测量完成之后还要进行大量计算，因此一旦发生危险状况，整个测量过程必须“快、稳、准、狠”。

可以说，要彻底掌握瓦斯鉴定器的使用方法，精准高效地测出矿井内有害气体浓度的数据，是一种既需要熟练度，又需要细心和耐心的技艺。不仅仅是瓦斯鉴定器，还有多功能一氧化碳气体警报控制器，自动苏生器，正压、负压氧气呼吸器……

为了学会这些仪器的操作方法，米吉提煞费苦心。他自知在仪器使用方面与别人有很大差距，再加上繁忙的日常工作，时间本就有限，因此米吉提如同挤尽海绵里最后一滴水一般，抓紧每一分每一秒，一边工作，一边学习各种测量仪器和救护仪器的使用方法。矿山救护队的每位同事都是米吉提的老师，渐渐地，米吉提将各种仪器的操作方法牢牢掌握，对仪器的维修也得心应手。

因为百倍的用心和反复不断的训练，米吉提不仅掌握了操作和维修技术，更利用自己在实际操作中的经验，总结出了一套省时节约的操作方法。这种方法提高了仪器操作的效率，为整个操作过程节省 3 分钟。可不要小看这 3 分钟，在分秒必争的矿井救援中，每分每秒都是被困矿工的希望。米吉提的这套方法每年还可使救护队节省材料费用近 2.5 万元。

进行井下救援任务，除了技术熟练和细心大胆之外，充沛的体力和良好的抗压能力也是保护自己和挽救他人生命所必不可少的，而这也正是米吉提在完成工作和仪器操作训练之余每天的必修课。体能训练、理论知识学习、人员抢救专业知识，这些职业素质的培养，米吉提一样也没落下，在与同事的讨论和自己的领悟中，米吉提成为能够独当一面的救护队队员。

十四小时，生命救援

2005 年，必将成为米吉提终生难忘的一年。

7 月 11 日，新疆阜康神龙有限责任公司煤矿发生特大瓦斯爆炸事故，造成 83 人遇难、4 人受伤，这是新疆维吾尔自治区成立以来，遇难人数最多的一次矿难。

“7·11”事故发生在当日凌晨，共有 87 名矿工在井下作业。事故发生之后，米吉提所在的疆南矿山救护队接到警报，他立刻带领队友赶到事故现场。当时，全疆 180 多名矿山救护队员集中在一起，共同作业，出生入死，只为找到被困的井下矿工，尽可能保证他们的生命安全。

疆南矿山救护队承担的救援项目是探险，这是矿难发生后，救护队首先要进行的任务。其目的一是确定井下状况，特别是井下环境状况，如地形特征、空气构成等，二是确定被困矿工的分布情况。探险任务的成功与否，对救援人员的安全与否有着重要意义，顺利进行就意味着整个救援任务能够事半功倍。

阜康神龙煤矿投入生产之初，标明的煤矿年常量是 3 万吨，而在矿难发生时，仅 2005 年上半年就已生产近 18 万吨煤炭。矿难发生时，矿井内工人人数众多，而且分布不集中，增加了救援的难度。

米吉提带着自己的队伍，在进入斜井 1000 米后，就遇到了第一个工作面。在进行了迅速的处理和抢救之后，米吉提和队友们继续前进。当推进到 1500 米时，他们发现了 14 名遇难矿工。面对已经没有生命迹象的工人，米吉提和队友们强忍着心中的悲痛，立即进行快速处理。随着时间的推移，在水仓上又出现了 3 名遇难矿工。行进至 3000 米时，距离米吉提及其救护队下井已经过去 3 个小时了。米吉提回忆道：“已连续工作 3 小时，我们的体力明显不行了，身上背了 16 公斤重的氧气呼吸器，感觉越来越重……那个时候我们接到上级命令，立即把所有人员都运出矿井。我们就强撑着，把那些工友扛在肩上、背在背上、抱在怀里转移至大巷道。”就在这个大巷道中，米吉提和他的队友们急中生智，一面恢复通风，一面拉上电缆，最终全部救援人员和遇难人员共同回到地面，顺利完成上级指定的第一个任务。

阿布都克力木·米吉提（左一）在新疆维吾尔自治区矿山救护基地的巷道参加矿山救护演习

由于阜康神龙煤矿矿井规模非常大，仅采煤工作面就有 7 个，救护队员工作量之巨大可想而知。米吉提和他的队友在井下共同战斗了 14 个小时，前后更换五次氧气呼吸器和药品。整个抢险救援过程中，米吉提和队友渴了就喝矿泉水，饿了就泡碗方便面，还吃不上几口，就接到下一个救援命令，又冲向了最危险的地方。

7 月 13 日，阜康神龙煤矿瓦斯爆炸事故救援指挥部又下达指示：仍有 12 名矿工尚未找到，继续搜寻。命令如山倒，一切听指挥，米吉提立刻带领小队再次下井。为了避免二次事故，他们在井下小心谨慎，留意着工人可能留下的每处足迹。在这样细致的搜索之下，米吉提和队友们终于在一个小工作面陆续找到了 12 名遇难矿工的遗体。

矿井内瓦斯刺鼻，不时有石头落下。米吉提说，救人和自救是双重的压力。

但他进行救援任务时，已把自己的生死置之度外。

苟利社稷，死生以之

出生入死，将最宝贵的生命暴露在危险之中，只为挽救处于更危险境地的生命。这就是救援人员的使命。

面对这样的危险，家人不可能不担心，米吉提自己也不会不考虑到自己的安危。然而，无论怎样的危险，都不会让米吉提退缩。面对身后家人关切的目光，米吉提知道那是支持，是鼓励；面对随时可能发生的爆炸，随时可能发生的矿难，米吉提说：“工作越是危险，我越想参加。”“放弃”这个词，在米吉提的字典中并不存在。

参加矿山救援工作 17 年来，米吉提对这份工作的热爱比以往更加强烈。

“好多人想干这个行业，想干这个工作，但是干不成。我们时常遭遇瓦斯爆炸、顶板塌方、煤尘爆炸、水灾、火灾。我们时刻准备着，冷静地应对各种突发矿难。我们队友之间也有着深厚的感情和默契。在特殊情况下，一个眼神、一双胶鞋、一个手势、一个绳子，都能成为我们联络的信号。”怀着对工作的热爱，对战友、对矿工生命负责的态度，米吉提在矿山救援队救援人员的工作岗位上，兢兢业业地工作着。

勤奋如斯，劳苦如斯，舍身成义如斯，米吉提当之无愧地获得了无数荣誉：2004 年被评为新疆维吾尔自治区“技术能手”，2006 年被授予自治区“开发建设新疆”奖章，2006 年被评为全国“技术能手”，2007 年被授予首届“中国十大杰出青年技师”称号，2008 年被国务院批准享受政府特殊津贴，2012 年成为第十一届“新疆青年五四奖章”获得者。面对这么多的殊荣，米吉提不骄不躁，只是更加认真地完成每一天的工作，用实际行动保卫着井下矿工的生命安全。在抢险救灾中，他身先士卒，援救矿工总是冲在最前面；在预防性安全检查工作中，他积极向生产矿井提出治理安全生产隐患的意见和建议六十余条，避免生产矿井直接经济损失达数千万元。

“能幸运地成为救护队员中的一员，奉献光和热，我感到无比自豪和骄傲。”无论什么时候提到自己的工作，米吉提总是充满了热爱。

阿布都克力木·米吉提在北京参加全国技术能手会议

正是出于这种对工作的热忱，米吉提用日复一日的汗水，勤勤恳恳的工作态度，临危不乱、冲在最前线的冷静勇敢和对战友、矿工的深情，为新疆矿区的生产安全筑起了最坚固的生命防线。

李慧升：十年新疆志愿情
在坚守中绽放青春

李慧升

我觉得成为一名西部计划志愿者，这一辈子都值得！

十年前，他响应团中央“到西部去，到基层去，到祖国最需要的地方去”的号召，告别家人和女友，来到了遥远的新疆。

十年中，他一边勤奋工作坚守着理想，一边和心爱的女友坚守着爱情，携手走过风风雨雨。

十年后，他深深地爱上了新疆这片热土，毅然选择继续留疆。女友在北京博士毕业后，被他的执着感动，放弃优越的工作追随而来，两人共同开启了扎根新疆、建设新疆的人生之旅。

他就是李慧升，一位从山东参加西部计划并扎根新疆的志愿者，在新疆共青团系统一干就是十年，现在已经成长为一名优秀的处级干部。

放弃优越工作　立志要到西部去

从小学到大学，李慧升一直担任班干部，中学时也是最早一批加入共青团的学生，后来当选过班级团支部书记、校学生会主席。大学期间，他兼任了学院辅导员、学生党支部宣传委员，用他自己的话来形容，“自己的学生时代可谓丰富多彩”。

一直接触共青团工作，李慧升与共青团结下了深厚的感情。2003 年，共青团中央、教育部、财政部、人社部等部委共同组织实施“大学生志愿服务西部计划”，招募应届大学生到西部省市从事支教、支医、支农、基层青年工作。李慧升很早就关注此项目，并注册成为“西部计划志愿者之家”论坛网站上的志愿者，大学期间就协助项目办工作人员解答西部计划政策。

“通过与志愿者交流，我深入了解了西部计划，更加懂得了到基层去的内涵，也深深地热爱上了志愿者队伍，从此在我心中便萌生出‘一定要到西部去’的愿望。”

2005 年 5 月，大学即将毕业，同学们不是忙着考研究生，就是忙着找工作。李慧升却做出了一个令人不可思议的决定：报名参加西部计划，志愿服务新疆。

当时，李慧升已经获得了山东省优秀毕业生、学校优秀毕业生等诸多荣誉，学院老师也积极推荐他到青岛一些大型企业就职。但老师们的好意，他都一一拒绝了。

“许多老师和同学不理解，觉得很可惜。我实在难以割舍对神秘西部的渴望，我觉得成为一名西部计划志愿者，这一辈子都值得！”李慧升坚决地说，“2005 年，是我人生的启航，也是人生的转折。我离开了生我养我的家乡，远离生我养我的父母，来到祖国的边陲新疆，我从来没有后悔。”

留在新疆　被新疆人的朴实打动

2005 年 7 月底，李慧升正式成了一名西部计划志愿者，跟着队伍来到了新疆。到达新疆的那天，乌鲁木齐天空湛蓝，让李慧升的心情格外好。飘香的瓜果，喷香的抓饭，触动了李慧升的味蕾，“我本人算得上是一个超级‘吃货’，非常喜欢吃肉，见到新疆的羊肉串，我就开心坏了，基本上每天都会尝一两串过过瘾。”

李慧升被分到昌吉回族自治州团委做志愿服务，3 个月后，他通过笔试、面试，以第一名的成绩被选调到了自治区团委组织部做志愿服务。

志愿服务期间，李慧升和女友张金玲通过电话、短信、网络保持联络，一起坚守爱情。李慧升说：“平时工作忙，就到下班时间通通电话。那时候，基本上一年能见两次，过春节和放假，虽然是聚少离多，但她并没有太多的抱怨。”

李慧升说，他与张金玲从初中就认识，一路相伴求知识、学做人，大学毕业后，他选择到新疆志愿服务，张金玲选择了继续深造。两人虽远隔万里，心却从未分开，感情也从未淡过。

2007 年，两年的志愿服务工作很快结束了，李慧升面临着去或留的人生抉择。“当时真的有些纠结，但静下心分析当年的形势，回山东是要重新找工作。而在新疆，我已经有两年的工作经历，还有新疆人的朴实热情也打动了我，经过思想斗争，我最终决定继续留疆工作。”

“做出这个决定，很担心女友会不同意，我鼓足勇气打电话告诉她。经过我的解释和分析后，她同意了我的选择，支持我留在新疆。”

2008 年 8 月 8 日，北京奥运会开幕，他们领取了结婚证，成为夫妻，从此也就开始了真正的两地分居。

“彼此分离久了，我爱人也会有抱怨。每当我们闹情绪的时候，也会几天不联系，但会默默在心里关心着对方。一听到对方那边下雨下雪，立即会打电话问候并提醒注意安全。因为我们心连着心。”李慧升心里明白，对爱人亏欠得太多。

“金玲和父母都非常支持我。父亲对我说：‘好男儿志在四方。’让我放心去闯荡。母亲对我万分不舍，不停地絮叨：‘离家远，自己照顾好自己，多往家打打电话。’”

动员亲人来新疆　坚定扎根信念

工作表现优秀的李慧升得到认可，2007 年 1 月被调到了新疆青年杂志社

2006 年山东科技大学李慧升（后排左一）与同届校友志愿者在红山留影

工作，2011 年担任新疆青年杂志社副社长职务。2012 年 12 月，被调到自治区团委青年就业服务中心任副主任，负责新疆青年就业创业等工作。2014 年 4 月，被调到新疆青年网络影视中心，现担任中心党支部书记、副主任。

妻子张金玲于 2013 年顺利从北京科技大学新金属材料国家重点实验室博士毕业，两人的爱情和事业可谓“顺风顺水”。“回想起来，我还是喜欢志愿者的身份，因为其他身份都在变，唯有志愿者的身份将永世不变。”在李慧升的工作中，给他印象最深刻的就是每年招募和培训西部计划志愿者。每年的 7 月，都会有新一届西部计划志愿者从天南海北汇聚到新疆，为了同一个梦想，开展志愿服务。

“在每年的集中培训时，我都有幸能参与其中，与新来的志愿者交谈。看到大家的喜悦笑容，我的志愿情怀又增添一分，扎根新疆的信心又倍增一分。”李慧升脸上洋溢着幸福的笑容。

但是在新疆生活依然要面对艰难和寂寞，他选择的是向前看。十年的奋

李慧升在新疆青年网络影视中心工作

斗历程中，不乏辛苦和劳累，不乏压抑与无助，每个去往新疆的志愿者心里都会觉得有点苦，“想和爱人倾诉，想得到父母的安慰，虽然通讯发达，但往往会抱着报喜不报忧的态度不愿倾诉，而选择默默承受。”每当这个时候，李慧升总会对自己说，年轻人应当守得住清贫，耐得住寂寞，方能成才成器。

虽然最初选择到新疆是抱着“不到新疆不知祖国之大”的好奇和“好男儿志在四方”的抱负，但李慧升说：“在新疆与新疆人相处之后，感觉到了山东的家里一样。”

“我的人生信条中还有一句话叫‘要么不做，做就做好’。凡是我选择了，我就会坚持做到底，坚持把事做好。”在李慧升看来，他能留在新疆，是被新疆人的优秀品质所感动，新疆人淳朴、热情、豪爽、忠厚、守信，这些都与山东人相同。

2014 年春节李慧升回山东老家，动员姐姐、姐夫、外甥到乌鲁木齐工作、生活、上学，正准备接父母来新疆生活时，父亲却病倒在山东老家，“2014 年 5 月，父亲还是没能等到来乌鲁木齐看看我们的新房子就撒手离去了。”送走父亲，李慧升下定决心，再不能等，坚决把母亲接到身边，如果老人哪天感冒发烧，好歹有他可以在身边照顾。

亲人的到来给了李慧升莫大的鼓舞和动力，让他更加坚定了扎根新疆、奉献青春的信念。

爱人张金玲是典型的山东媳妇，勤俭持家、贤惠孝顺。李慧升心里总想着，媳妇也有父母兄弟，也需要他的照顾，于是他开始向妻子提议接她的家人来新疆。“现如今，媳妇的亲弟弟也从山东科技大学研究生毕业来到乌鲁木齐，在一所高职院校当老师，我希望不久的将来，媳妇和弟弟也能在身边照顾到她们的父母。”

“很多人没有来过新疆，可能还不太了解新疆，可能还会受到某些不好的影响而误解新疆人，我就是要通过自己的努力宣传大美新疆、和谐稳定的新疆，让更多的人了解真实的新疆。”

李慧升在工作中积极利用官方及个人微博、微信带头发声亮剑，揭批暴恐分子的罪恶行径，揭露网络谣言，宣传大美新疆。他始终影响着身边的人，已经成为西部计划志愿者奋发进取的一张“名片”，也成了新疆团干部风清气正的一张“名片”，让大家感受到了满满的青春正能量。

“选择就是坚持到底，就是勇往直前。”如今，李慧升已经把新疆当作自己的第二故乡。他说：“新疆景美，人更美，我已深深地爱上了这片奋斗着、努力着的热土，我爱新疆！”

肉孜麦麦提·巴克：我是石油人 我从新疆来

肉孜麦麦提·巴克

我只是想通过自己的故事告诉别人，只要努力就能改变命运。

“我在南疆和田长大，在北疆克拉玛依工作，每年都会回到和田探望父母。在我的心里，大美新疆从南到北，哪里都是普通的人家、平常的日子。”爱岗敬业好青年肉孜麦麦提·巴克经常对身边的人这样说。

头戴维吾尔族花帽、身穿中石油的红色工装，这是中国石油新疆油田公司重油开发公司采油作业五区采油六班班长肉孜麦麦提·巴克的标志性装束。这些年来，他一直以“知识改变命运、转变成就未来、奉献快乐人生”为信念，怀着一颗赤子之心，带着鲜明的民族特色，传递着青春正能量。

分享人生经历　传递向上向善精神

2015年，肉孜麦麦提被选为团中央“全国向上向善好青年”分享团成员，先后到北京、山东、江苏、安徽等地进行了40多场宣讲活动。宣讲中，他跟大家分享了自己苦学汉语的经历。很多人问他，作为一名少数民族同胞，为什么一定要攻克汉语这道难关呢？他总是这样说：“虽然不会汉语我同样也能养活自己，做好自己的工作，但是汉语对我而言是沟通和交流的工具。正因为我学好了汉语，才给自己创造了更多的学习和交流的机会；正因为我会汉语，所以我能站在这里，用自己的成长经历告诉大家，在新疆除了暴恐分子，更多的是像我这样优秀的维吾尔族石油工人。”

一场场宣讲，让肉孜麦麦提受到媒体的广泛关注。有位记者问他：“你不辞辛劳到处演讲，是什么支持你这么做？”他当时微笑着回答说：“我只是想通过自己的故事告诉别人，只要努力就能改变命运。”事后巴克自己也思考了许久，直到2015年7月，他在宣讲会中找到了最好的答案。

近两年，在中石油和新疆油田公司的安排下，肉孜麦麦提在中石油驻疆企业、克拉玛依各基层单位和南疆进行了50多场宣讲。2015年7月，又在克拉玛依市、油田组织部和宣传部的安排下，前往喀什、和田做了9场报告会。

每次报告会，大家席地而坐，实在没有位置，就干脆找个地方站着。演讲一般长达两个小时，村民们就站两个小时。小小的会议室挤满了热情的村民，不到五分钟，大家就热得汗流浃背。“每每看到这种情景，我都很高兴，讲得也很激动。当我讲到我为父母翻盖新房、买新衣服时，许多村民都开始擦眼泪，每一场报告会都在村民们热烈的掌声中结束。”肉孜麦麦提回忆说。

肉孜麦麦提记得一次演讲结束后，两位村民特意买来一顶花帽戴在了他的头上。在维吾尔族中，这是最高的礼仪。他们握着他的手说：“没想到你也是农民的儿子，你是我们的骄傲！”看着这些父老乡亲，他的心情久久不能平静。晚上，他又和村里的年轻人和返乡大学生进行了经验交流。他说：“我想抓住一切机会告诉他们，用知识改变命运，并不像想象的那么遥远。”在喀什的最后一场报告会结束时，有一位大爷紧紧抱住他说：“我真的太对不起自己的孩子了，我有三个孩子，我自己没有上过学，也没有让他们上学，我现在太后悔了！”

“那天我躺在床上，久久不能入睡。我脑子里反复浮现着村民们那殷切的眼神。我觉得虽然我所做的并不能彻底改变什么，但至少为父老乡亲指明了前进的道路。”就这样，肉孜麦麦提在宣讲中，用自己的人生经历，激励

肉孜麦麦提与南疆村返乡大学生及青年交流

更多的人用知识改变命运，用勤奋点燃希望。

自强自爱　赢得他人尊重

“2015年，我参加了‘全国向上向善好青年’分享活动。在团队里，我是年龄最大的，因此担负起了一个大哥哥的责任，还从克拉玛依带去漂亮的彩石送给大家。”在团队里，因为只有他一个人是少数民族，所以大家都陪着他吃清真餐，他没有觉得自己有什么特别，感觉和在克拉玛依生活没什么两样。肉孜麦麦提觉得，和同事、朋友、邻居之间，大家彼此尊重习俗应该是一种常态，减少隔阂，不经意间的磕碰也会得到善意的谅解。

每次分享时，他常常拿自己举例：“雄鹰能够飞翔是因为天空宽广，要在油田这片天空里自由飞翔，更需要一双坚实的翅膀，一个是语言，另一个是技术。”他曾在抽油的时候不小心被电流打晕，差点丢了性命，从那以后他更加认识到学习技术的重要性。即使是下班时间，脑子里也都在想流程图。“我多次参加技术比赛，11年间攻读下了2个专科和1个本科，在33岁时就成为了中石油唯一一名维吾尔族技术专家。如今，我的4个弟弟都上了大学，其中还有3个在国外留学。”

无论走到哪里，肉孜麦麦提的分享感悟，都激励着很多人在青春的道路上自强不息。

不辜负使命　为新疆代言

作为一名新疆维吾尔族的石油工人，肉孜麦麦提深知自己民族身份的特殊。正因为如此，他感到自己身上肩负的责任和使命似有千斤重。在舆论喧哗中，他希望能够通过他的故事，真实传达作为一名维吾尔族石油工人眼中的新疆和中石油形象，厘清外界的认知误区。

2015年10月，在全国总工会组织的全国班组长交流会上，他被安排到靠前的座位，他抓住了这个难得的机会，向大家传达自己的感受：“我所在的班组是由四个民族组成，我们是一家人！”

肉孜麦麦提在纪念抗战胜利70周年阅兵仪式现场

虽然肉孜麦麦提知道当自己强调民族属性的时候，好像就是在告诉别人，自己民族身份的不同，但他这么说正是想告诉大家：“在新疆，不同民族在相处的时候，都会放下民族与宗教的差异，平等和谐地生活。”会后交流的时候，大家问他：“去新疆安不安全？”他总会告诉大家：“新疆跟全国各地一样，很安全。”

“戴上花帽，我是维吾尔族人；穿上工服，我是石油工人。”很多场合，肉孜麦麦提总是戴着花帽、穿着红工服。他在参加纪念抗战胜利70周年阅兵仪式上，也是这样。别人总能因为服饰注意到他，他塑造的是新疆和中石油的双重形象。他主动向别人介绍新疆的美景、美食、风土人情和石油工人的工作，总是希望通过自己的努力拉近他们与新疆的距离，担负起传递民族团结的责任和使命。

新疆维吾尔自治区党委书记张春贤会见新疆全国道德模范和基层民族团

结优秀代表时，听了肉孜麦麦提介绍自己宣讲的收获时说：“希望你以后多出去讲给更多人听，向内地传递新疆精神，在疆内营造努力改变命运和崇尚道德的精神、氛围。”

肉孜麦麦提认为，新疆还有很多大家没有看到的一面，他希望通过自己的付出和努力，为传递积极向上、正能量的“新疆精神”和“铁人精神”贡献力量。

田祥彪：总得有人擦星星

田祥彪

一个人被别人需要时，应当义无反顾地参与其中，乐此不疲。

“看过一些英雄故事之后，也曾怦然心动，想我也有这样的机会该多好啊！也曾有过去祖国最艰苦的地方锻炼的梦想，在我心底埋藏了那么多年，从没想过有一天它真的能开花，真的变成现实，也不敢有过这样的规划，真的没想到我能行。”

所以，当得知有机会去新疆支教时，田祥彪毫不犹豫地带着“理想”的种子，飞越万里到达和田墨玉，在孩子们及墨玉二中的同事们的心里播种，期待它有一天会发芽，孕育出果实。“一个人被别人需要时，应当义无反顾地参与其中，乐此不疲。”他这样形容自己当时的心情。

同事眼中的田祥彪

“祥彪给人的印象是步履匆匆，不修边幅，头发总是乱乱的，一副刚起床的样子。他工作很用心，吃得下苦，据说每天凌晨1点前从不睡觉，在班级管理上爱琢磨些‘独门绝技’，所以一次又一次赢得了成功女神的青睐。

田祥彪（一排右一）与北京第八批援疆干部墨玉工作队的同事们合影留念

1995 年、1998 年两次中考成绩创学校历史最高纪录，2001 年高考再创我校历史最高纪录，2004 年所带班级被评为‘省优秀班集体’，2004 年参加保定市班主任素质大赛荣膺中学组特等奖，2006 年获省优秀班主任……在全县乃至全市早已是声名赫赫。”

当时，田祥彪还在河北工作，同事眼中的他是一个不善言辞、无欲无求的人。对于自己取得的成绩，田祥彪谦虚地解释道：“那不过是老天眷顾，我运气好一点罢了。我一直沉浸在教育快乐之中，自得其乐，想尽一切办法让我的学生获得教益、收获启迪、不断成长，我才是其中最幸福的一位。”

教学的“独门绝技”

关于田祥彪教学的“独门绝技”，他说：“其实，根本没有什么秘籍可言，只是我向着我想要的方向努力，不停地探索，得到了一些心得，比如‘代理班主任制度’坚持了 20 年，比如我的‘爱心接力’坚持了 13 年。我虽然不能做什么惊天动地的大事，但我坚持做着能让我的学生获得成长的小事，在他们人生的路上，给他们一些指点，给他们一些方向，给他们一些高度，这就够了。我做着我喜欢的工作，就很好。”

2004 年，田祥彪开了自己的博客：我和我追逐的教育梦，共有随笔、诗歌、班级心得、剧本、教学心得、班主任工作经验等 600 多篇。博客约有 55 万人点击，感动了几十万的网友，并且有诗歌被编成剧本，被全国几十个大中小学拍成话剧或心理舞台剧，一些小品文也被多家网站转载。

一块糖、一本书融化沟通障碍

到北京十二中工作四年后，当田祥彪听到可以去援疆支教的消息时，毅然决然地报名了。为了避免父母担心，一开始他并没有告诉年迈的父母。

田祥彪支教的墨玉是一个维吾尔族聚居区，经济落后，维稳压力很大，99.3% 以上是维吾尔族，语言交流也是个不小的问题。好在这几年新疆大力推进双语教学，有许多孩子汉语也说得不错，但初一学生用全汉语上数学课，

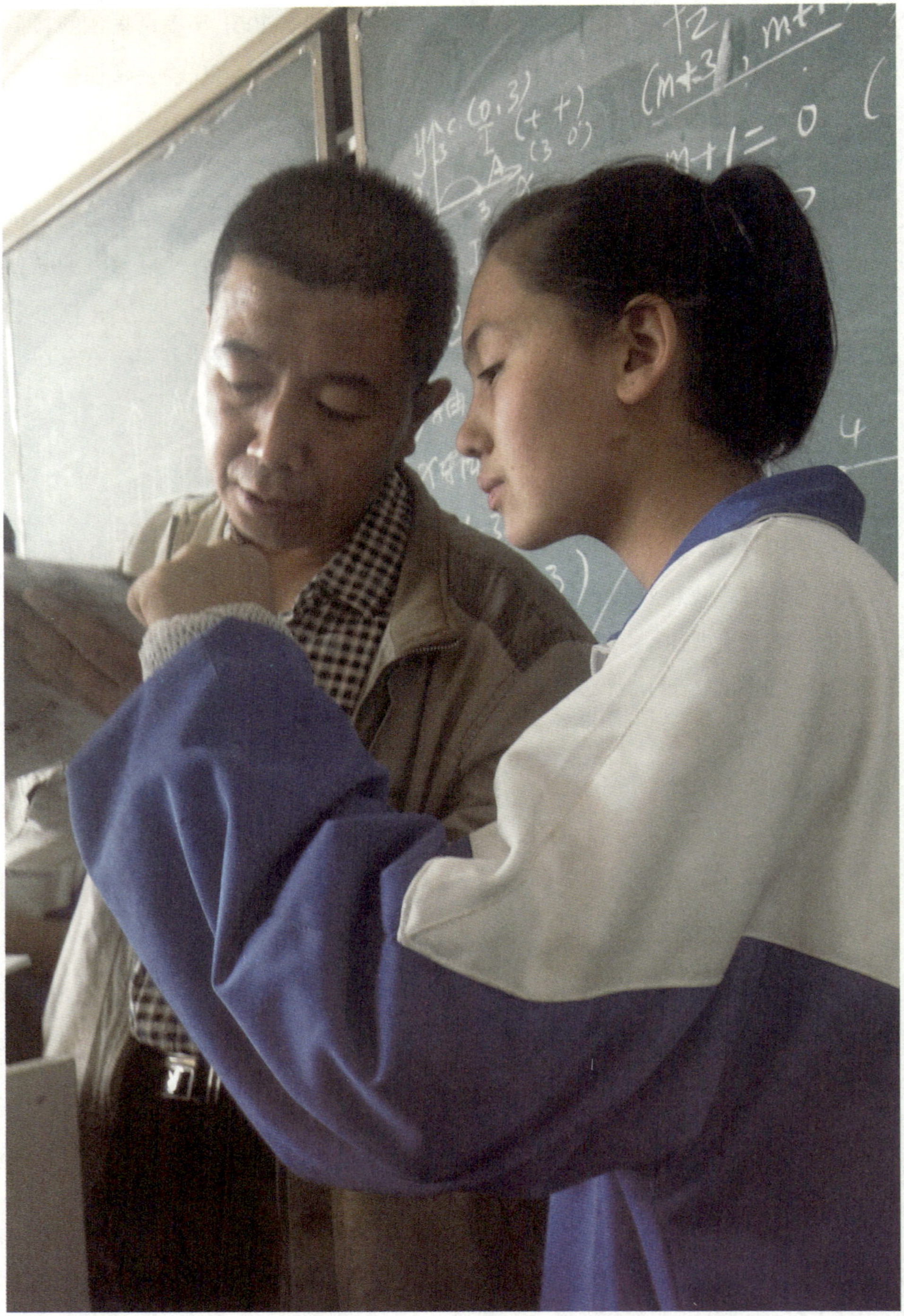

同学积极向田老师提问

对他们来说也是一个很大的挑战。

田祥彪用一个小本子、一块糖、一本书激励孩子们，一步步向他们介绍外面精彩的世界，一次讲不清楚就讲两次，还让孩子们上台锻炼讲话。课间，他和孩子们一起谈北京、谈理想，看他们跳舞，跟他们学维吾尔语，等等。那些所谓的难事被一点点化解，田祥彪用爱把两个班七十个孩子聚到了一起。

总得有人擦星星

工作半年后，田祥彪回到北京休寒假，家人、以前的学生听到他援疆的事，都表示支持。“我把支教新疆的事说给我 74 岁的母亲，不料她却淡定地说了句‘总得有人去’，母亲的大义情怀让我敬佩，后来我流着泪写成了一首小诗《总得有人擦星星》——那里的娘，是我的亲娘，是我的学校，更是祖国母亲，总得有人擦星星，不是你，那就是我。”

田祥彪的家人主动捐出一些钱物为新疆做些事，从开始的为两个班级购买一些学习用品扩展到为全年级的 300 多人购买一些文具、订数学学习报纸。田祥彪还把这些情况向北京十二中做了汇报，李有毅校长非常支持他，委托田敏书记把学校的一些资料从北京邮寄到新疆。支教期间，田祥彪联系北京十二中，和他的一些朋友一起为支教学校师生捐助了价值 1.5 万元的书报和学习用品。

离开前一天仍站在讲台上授课

返回北京的那周，因为需要准备行李，所以一起返京的同事们都提前请假了，而田祥彪不忍心耽误孩子们一节课，于是，他提前做足准备工作，和平时一样，按时站到了讲台上。

那天，支教老师中只有田祥彪一个人坚持上课，田祥彪用实际行动赢得了墨玉二中同学们的掌声，也为北京十二中赢得了赞誉。

“离开的时候，有很多孩子都哭了，尤其是古丽努尔，听到我有一天会回北京，她就开始哭，两眼红红的。我写了一封长长的信开导孩子们，他们的心情才稍微平复些。直到我回北京很长时间，我还非常牵挂他们，经常跟他们电话联系。”

当李有毅校长一行四人不远万里去新疆探望田祥彪时，一群孩子流着眼泪向李校长说：“您能不能让田老师教我们三年？”

田祥彪以前的学生郭静怡听了田祥彪支教的事情激动地说：“田老师，等我长大了我也要像您一样，去新疆支教！”

“如果有机会，我还会去第二次！”田祥彪说。

刘勇：越是残疾，越要美丽

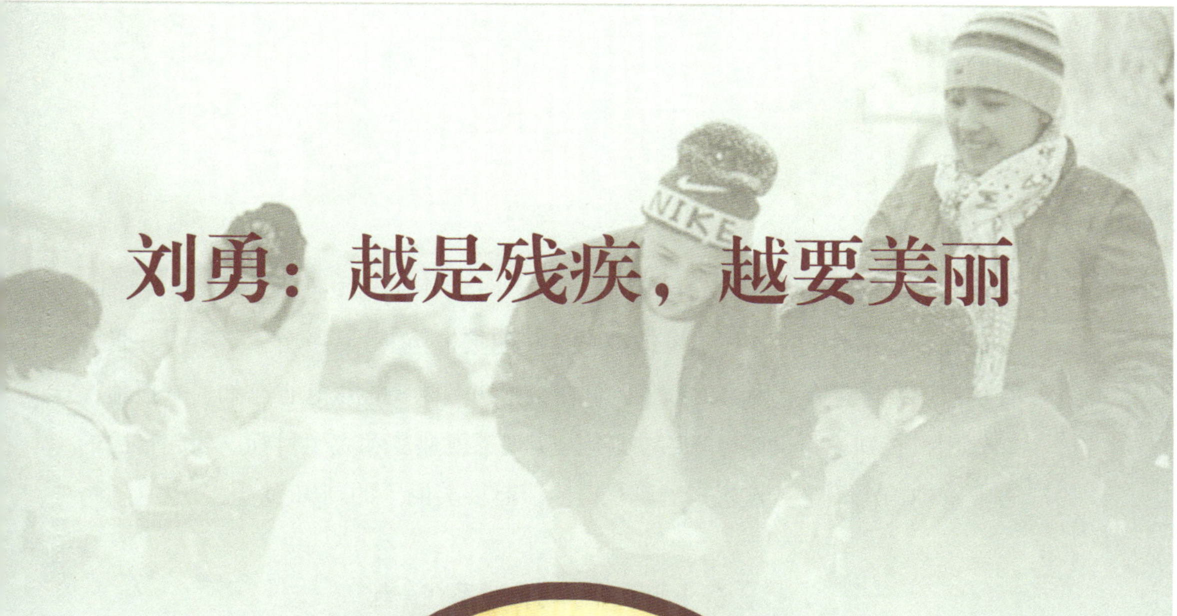

刘 勇

只要你想成功，全世界都会为你让路。

在新疆举办的一次“奋斗改变命运”的报告会上，一个个头不足 1.4 米，脊柱倾斜，行走有点困难的残疾人，在会上声音洪亮地谈起自己如何来援疆，如何用科技知识帮助喀什 68 位残疾人实现了就业梦和人生目标。谈起自己的事业，他滔滔不绝。这就是“越是残疾，越要美丽”的刘勇。

奋斗和梦想总与他联系在一起

3 岁那年，刘勇因贪玩不小心摔到地窖里导致残疾。如今，刘勇的身体里还有 2 根钢筋、32 根钢丝、1 根弹簧。

1999 年，深圳兴起了路边卖报亭，不愿待在家里的刘勇想申请卖报。“那天深圳下大雨，我排了一个多小时的队，负责人却说：‘你形象不好，站在路中间会影响市容。’那一刻，我呆呆地看着他，虽然没有骂他，但我非常鄙视他。走出大门时，我暗暗发誓：‘除非老天要我一辈子都这样下去，只要给我机会，就一次机会，我一定把握住！’”

在深圳残联的帮助下，刘勇终于找到了第一份工作。虽然工作地点离家很远，每天都是父亲帮他搬车下楼，接他回家，他还是快乐地投身到工作中。

第一次发工资的那天，回到家，当他把 90 元钱一张张交给父母时，母亲抱住他哭了好久，说：“儿子，你可以活了。”

“或许正是这样的磨难，让我能感受他人的痛苦，让我懂得珍惜，懂得感恩，懂得‘活着’的意义，这也成为我日后面对所有困难的力量，无所畏惧，义无反顾地前行，活出自我价值。”

然而，命运却不愿轻易放过刘勇，再次将苦难降临在他的头上——两个月后，这家单位倒闭，刘勇失去了工作。

“当时，互联网正好兴起，许多人通过网络创业成才的故事激励了我，我与 4 位志同道合的残疾人兄弟，一同创办了‘中华残疾人服务网’。2000 年，‘中华残疾人服务网’被评为世界上点击率最高的福利网站。”

也就是在这个时候，刘勇有幸代表中国去捷克参加了一个世界级的网页设计大赛，获得了第五名，是国内最好的成绩。

“我只有初中学历，别人一天学七八个小时，我就笨鸟先飞，每天十几个小时地学。说实话，现在大家似乎只看到了我的成功。其实在这个过程中，我吃了多少苦，受了多少罪，只有我自己明白。但我一直坚信一点：‘当你想成功的时候，全世界都会为你让路。’这句话不仅鼓励着我，更鼓励着喀什的 68 名残疾人朋友。”

追求和坚持总与他联系在一起

2011 年 6 月 10 日，刘勇与三位深圳残疾人朋友来到新疆喀什。“作为残疾人，我已经找到了尊严，实现了自我价值，不过全国人民都在支援新疆建设，我也想贡献自己的力量。选择喀什是因为这里是新疆最贫困的地区之一，残疾人的事业相对落后，如果在这里发展好了，它一定能在新疆所有的地方复制。”

6 月 25 日，经过一番紧张的筹备后，在位于喀什市东南 5 千米色满乡路边一个 3000 平方米的院子里，刘勇和他的残疾人朋友们开始了紧张的施工工作。这天距离刘勇他们踏上喀什的土地，仅仅只有 15 天。

“当时这个大院只有一栋房子，垃圾遍地，杂草丛生。从怎么规划，怎么安排活动场地，到房间怎么设计，学员生活如何安排，都是我们 4 个人在做。每天天不亮我们就起来，与施工人员一起干活。他们说，你们休息吧，我们来干。但我们不放心，这可是我们的第一个样板工程，我们要从这里腾飞，2020 年要在全新疆实现我们的梦想。”

刘勇和他的同事们满身尘土，脸上全是汗水，身上的衣服已看不出是什么颜色，但他们脸上的笑容很灿烂。

“我深知一个残疾人的成长有多么不容易，我把残疾人事业作为我终身的使命，我要在喀什打造一个平台，让更多的维吾尔族残疾青年像我一样实现人生价值。有一天，他们也能自豪地说说自己的奋斗经历，说说喀什的巨变，他们的父母也能像我的父母一样，昂首挺胸走在大街上，为自己的孩子自豪。”

刘勇对自己所做的残疾人事业有着美好的愿望，可愿望与现实之间毕竟存在着差距。当最初的热情日渐平息时，有人就对刘勇说：“刘总呀，你来玩一玩就行了，来这儿你别说招残疾人、维吾尔族残疾人，就是招一般的健全人，人家都不愿意去你那儿。”

刘勇十分不解，对方给他指出了三大障碍：语言不同、民族不同、信仰不同。

刘勇听到后笑了：“你错了，我们至少有三个相同：都是残疾人，都有改变命运的渴望与决心，我们都是一家人。”

刘勇信心满满地打出了“喀什残疾友人”的牌子，可现实和他想象得不太一样。第一天，第二天，报名处静悄悄的，一个人都没有来。喀什有 2.4 万多名有就业能力的残疾人，他们难道不想走出家门，自食其力，有尊严地活着？

刘勇觉得，因为自己同样有着残疾的遭遇，他对其他残疾人的心情理解得肯定没错，那么问题一定是出在了宣传方式上。于是，他改变最初的思路，把社区里负责残疾人事业的专干们召集起来宣传自己的理念，再让他们带路，坐着轮椅，在喀什市各街道里走家串巷，讲解自己奋斗的历程。

“残疾人虽然身体残疾了，但事业不能残疾。现在是互联网时代，是人机对话的时代，这更适合残疾人发展。喀什残疾友人不做低端产业，不做糊纸盒、糊信封那样的低附加值的工作，我们要做就做高附加值的工作。因为越是残疾，越要美丽。”

就这样，喀什残疾友人的牌子迅速在喀什的残疾人中间传播开来。

“一位老大妈推着个女孩，走了一个多钟头来到我面前，汗流浃背。问她为何不坐车来，她什么话也不说，旁边的人说是因为家里穷，没钱坐车。望着老妈妈的眼神，我突然想起当年我父母给我找工作时的眼神。再看看轮椅上的女孩，和我当年想去报亭工作时一模一样，我的泪水一下子就流出来了。我当即就说：‘这个孩子我收下了，我还要好好培养她，让她站起来。’”

短短 10 天时间，68 位残疾人汇聚到喀什市东南色满乡路边的这所温暖的院子里，开始了他们新的人生追求。“还有 100 多位残疾人朋友想来这里，但我这大院里只能满足 68 人的学习和生活。”提到这，刘勇流露出深深的遗憾。

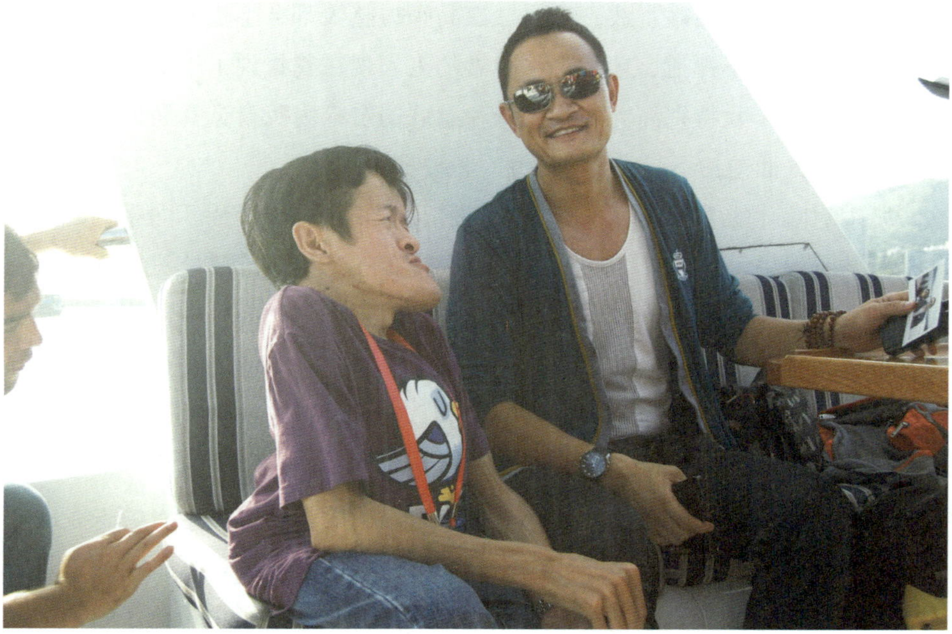

刘勇带领喀什残疾友人实现深圳圆梦之旅

执着和感动总与他联系在一起

那个坐轮椅的女孩名叫克比努尔，如今已是喀什残疾友人后勤部总管。小姑娘漂亮的大眼睛波光闪闪，美丽动人，她说：“勇哥不只给了我一份工作，也给了我人生的目标，让我勇敢地走出家门，走入社会，真正实现了人生价值。”另一位喀什残疾友人玛依拉说：“勇哥给了我们一双眼睛，一双手，帮我们推开了紧闭的大门，让我们像小鸟一样在天空自由地飞翔。”

68名残疾人进驻大院后，视线所及尽是电脑知识、3D技术、软件工厂、图片处理等全新的内容，这让他们眼前一亮，像发现了新大陆一样着迷。很多人上完课还泡在电脑房，凌晨三四点都不肯休息。

患有严重癫痫的达吾然江学电脑很快，常常缠着老师问这问那，勤奋努力的他很快就收获了成功。由他设计制作的图片被深圳一家影楼看中，为喀什残疾友人拿到了首笔60万元的合同。

得知自己的作品赚了钱，达吾然江高兴得整天都合不拢嘴。他说：“我以前是个什么也不知道、什么也不能做的人，现在我找到了生活的出路，能为社会做点事，我特别高兴。我父母和亲戚朋友都为我自豪和骄傲，他们再也不怕在别人面前抬不起头了。”

随着对喀什的了解日渐增多，刘勇又把目光瞄向了农产品开发和“非遗”技艺的传承保护。2015 年 10 月，深圳一家超市开设了首个专卖残障人士手工艺品的“爱心柜台”，喀什残疾友人的产品受到热捧。在“爱心柜台”的网页上，喀什残疾友人制作的手工艺品也有着不错的口碑。有 40 多年传统乐器制作和演奏经验的吾拉木·吐尔逊老人被刘勇的行为感动，专门把自己制作的乐器搬到喀什残疾友人的大院，当起了“非遗”顾问。

刘勇的身边还有一些更令人感动的义工：曾是深圳媒体记者的朱锐辞职来到了喀什；本在喀什海关工作的买合穆提听说他们需要翻译，也毅然辞职做起了义工。“我们现在是一个大家庭，我把妻子和孩子也带到了喀什，大院里有足球队、篮球队、艺术团，学员们不仅生活变了，性格和心态更是发生了翻天覆地的变化。周围村庄里的老乡也把我们视为乡亲，帮我们种菜、浇水，周末时，大人小孩常来与我们一起唱歌跳舞。”

如果说刘勇的身上总有一种特殊的魔力，能吸引和感动他身边的人，那么也许这种魔力的源泉正来自于他对生命的珍惜与感恩、对掌握自身命运的渴望以及对实现梦想的执着。他说得对：“上天是公平的，它给予每个人的磨难，是为了让我们体验更丰富的生活。”